# P.

# Sin

# Mensaje

### Reconociendo el ministerio profético

Christian Misael Pulido Torres

# Recomendaciones

Las manifestaciones y mover del Espíritu Santo en la iglesia son tan diversas que a veces resulta complejo el definirlas. Es tan delgado el hilo que separa lo divino de lo diabólico, lo espiritual de lo emocional, que en ocasiones se presta para confusión y manipulación. Este libro dirige los reflectores hacia este tema, señalando muy explícitamente algunos excesos que se presentan en nuestras prácticas litúrgicas y culticas; a las cuales haríamos bien en poner atención y conducir de manera correcta, para no ofrecer "fuego extraño en nuestros altares y a la vez cuidar que el fuego no se apague". *Hno. Jesús Benigno Pérez Gonzales, Secretario de Misiones Internacionales de la IAFCJ.*

En medio de una generación que pareciera haber olvidado el estudio de las Sagradas Escrituras, y por ende, le es difícil discernir lo divino de lo profano, llega "Profeta sin Mensaje". Un libro que nos insta a volver a la lectura y práctica de la palabra de Dios (La Biblia), con la única finalidad de evitar mayores engaños y manipulaciones que se han dado a través de hombres y mujeres con mensajes extraños, que no se alinean con el verdadero mensaje de Jesucristo. *Hno. Miguel Ángel Pulido Torres, Pastor de la IAFCJ.*

En tiempos donde es muy fácil ser engañados y seguir al hombre antes que, a Jesucristo. Se levantan siervos valientes de Dios como Christian Misael Pulido Torres, con celo del Señor y su palabra. Dispuestos a señalar las malas prácticas que han ido permeando dentro de la iglesia de Jesucristo, orillando a neófitos y perezosos de la lectura bíblica a caer en engaños del hombre y satanás. Recomiendo ampliamente la lectura de este libro: "Profeta sin mensaje". Ya que en él se encuentran herramientas poderosas para discernir lo que es de Dios de lo que no lo es. *Hno. Josimar De Jesús Aispuro Villalobos.*

# ÍNDICE

# Dedicatoria

Este libro está dedicado a todos aquellos que desean conocer más sobre el ministerio profético, a todos los que hacen buen uso de su ministerio; y los que no, que puedan reflexionar para reivindicar su camino. Lo he dedicado a mi familia, amigos y la hermosa iglesia que actualmente pastoreo en la comunidad de Jesús María, Culiacán, Sinaloa, México. Con el deseo de que siempre crezcan en la verdad.

De una manera muy especialmente lo dedico también a la memoria de mis tíos Teodoro y Carlos Pulido Olivas quienes hace algunos años partieron con el Señor. De quienes tengo gratos recuerdos y quienes siempre me impulsaron a servirle al Señor con Fe. A mi Abuela paterna Cenovia Olivas, quien nos dejó un legado de fe, y a quien honro en este libro al dejar claro que Jesús es el Camino, y la Verdad, y la Vida.

# Agradecimientos:

Agradezco profundamente desde el fondo de mi alma a aquel que me rescato de las tinieblas y me llamo a su luz admirable, a mi único y suficiente salvador, a mi Señor Jesucristo. Quien a su vez ha sido la fuente de inspiración para escribir este pequeño libro. ¡A tu nombre Gloria!

Quiero a gradecer a mi esposa Brenda S. Aispuro Fernández por su apoyo incondicional, por creer siempre que es Dios el que inspira mi vida para realizar lo que hago. Por estar siempre a mi lado y apoyarme en todo, gracias mi amor. Por darme dos hermosos hijos: Christian Daniel e Iker Santiago Pulido Aispuro a quienes también agradezco sus esfuerzos, sacrificios y entusiasmo para que yo pudiera tener el tiempo y la motivación de escribir. El Señor a de recompensar sus esfuerzos.

A mi hermano Miguel A. Pulido Torres quien ha sido un apoyo incondicional para mí, quien ha impulsado y motivado, además de ayudar con la revisión y arreglos de los textos de este libro. Gracias hermano no lo hubiera podido hacer sin ti. Dios recompense tu buen corazón. Agradezco a tu esposa Aymara León Zazueta quien fue solicita en colaborar para que este trabajo pudiera realizarse lo antes posible.

A mis padres Miguel A. Pulido Olivas y Guadalupe Torres Valles, quienes siempre han impulsado con sus consejos y entusiasmo mi ministerio, de quienes siempre he recibido apoyo incondicional, gracias amados padres por ser quienes son. Son mi orgullo y fuerza para seguir adelante. Gracias por animarnos a escribir este libro.

A mi hermana Karen Pulido Torres y su esposo Fernando León Zazueta quienes colaboran de manera especial con su entusiasmo y apoyo para escribir este tema. Dios bendiga sus vidas. Fueron de mucha motivación para realizar este trabajo.

Mi agradecimiento muy especial a mi hermano Benigno Pérez, secretario de misiones internacionales, por su disposición para ser de bendición en este proyecto, por darse el tiempo de leer este material y recomendarnos. Por tu gran apoyo para que este libro sea una realidad. Muchas gracias amado hermano el Señor te recompense y siga fructificando tu ministerio.

Agradezco también de una manera especial a quien fuera mi mentor por muchos años, a mi hermano Eleuterio Uribe Villegas. Maestro de maestros, mentor de mentores, quien ahora me ha animado e impulsado para volar solo, sin dejar de observar a donde nos lleva el viento. Gracias, estimado hermano por ser tan entusiasta en el estudio bíblico, eres de gran inspiración y motivación para mi vida y la de muchos. Dios te pague por tu tiempo, aprobación y revisión de este libro.

Gracias también a ti mi hermano Marcelino Atienzo García por tus consejos para que tu servidor pudiera tener más facilidad a la hora de diseñar e imprimir este libro, te mando un fuerte abrazo. El señor recompense tu humildad, Dios te pague, y siga bendiciendo tu vida.

No puedo dejar de agradecer a mis buenos amigos: Nabor Daniel Rodríguez Martínez, Rigoberto Arias Torres, Isidro Alfonso García Peña, Josimar De Jesús Aispuro Villalobos, Christian Uribe Márquez y Samuel Sánchez Armenta. Gracias por darnos ánimo y consejos. Un agradecimiento muy especial al Dr. Bernardo Campos, por hacernos el gran favor de escribir el prólogo de este libro, Dios te pague mi estimado hermano.

Me faltarían paginas para agradecer a tantas personas que han sido muy buenas conmigo, que nos han animado y entusiasmado para escribir este libro; sin embargo, creo que ellos se sentirán aludidos. Muchas gracias a todos por sus buenos deseos para un servidor y mi familia. Un fuerte abrazo, deseando que todos sean grandemente bendecidos y que se cumplan sus sueños.

# Prólogo

Las iglesias pentecostales y carismáticas de América Latina vienen experimentando una serie de cambios sustantivos en lo que se podría llamar la estructura orgánica de su liderazgo y en consecuencia en la constitución interna de un nuevo poder de conducción de la iglesia.

Se trata en realidad de una nueva configuración de los ministerios, según la carta de San Pablo a los Efesios 4:11ss. Hasta no hace mucho los ministerios reconocidos por la gran mayoría de pentecostales en el mundo eran el **evangelístico,** el **profético** (con reservas), el **pastoral** y el **docente,** reservando con estricto rigor el ministerio **apostólico** para la iglesia apostólica del primer siglo.

La razón fundamental era que tanto los apóstoles y profetas son el fundamento sobre la cual nace y se fortalece la iglesia (efesios 2:20) hasta la *parusía* o segunda venida de Cristo. La iglesia del Nuevo Testamento, especialmente aquella que se vislumbra en el libro de Hechos de los apóstoles, era para el pentecostalismo el modelo casi perfecto de iglesia, inimitable en su naturaleza, pero extensible en su condición de pueblo de Dios.

Todas las discusiones entre pentecostales y extraños al pentecostalismo radicó siempre en si el ministerio profético seguía vigente hasta hoy o no, pues las profecías según el testimonio bíblico se acabarán, cesarán las lenguas (glosolalia) y la ciencia acabará (1 Corintios 13: 8) hacia el final de los tiempos. El único testimonio profético más seguro reconocido por todos era el que está registrado en las Sagradas Escrituras (Antiguo

Testamento) y ratificado por el Nuevo Testamento (Véase 2 Pedro 1:19).

La posición pentecostal argüía que la profecía existe, porque aún existen las lenguas extrañas de Pentecostés, de modo que la vigencia de una (las lenguas y la ciencia en aumento) era el testimonio de la vigencia de la otra (las profecías).

La posición no pentecostal argumentaba que aceptar las profecías hoy era señalar que el **canon** (regla de fe del cristianismo) aun permanecería abierto después que el dogma fundamental de la iglesia se selló en los grandes Concilios de Nicea y Constantinopla, S. IV DC). Aceptar la vigencia del ministerio profético según los no pentecostales podría implicar restarle autoridad a las Sagradas Escrituras y dar paso a las más diversas arbitrariedades con relación a la inspiración divina única e inerrante.

El debate en torno a la vigencia del ministerio profético estaba ligado a la discusión si Dios aún habla hoy de forma audible o si por el contrario sólo lo hace mediante las Sagradas Escrituras. De si la revelación está abierta o si ya está cerrada.

El acuerdo final entre las partes se selló cuando pentecostales y no pentecostales zanjaron la discusión admitiendo que "Dios está presente y no está callado" (Francis Schaeffer) pero que las profecías de hoy no tienen el mismo valor o autoridad que las profecías bíblicas, dejando las primeras para la edificación de la iglesia o equiparándolas –como lo hicieron algunos teólogos—al testimonio de la predicación homilética asignándole sólo una función litúrgica.

En el presente libro el autor, Christian M. Pulido, de manera magistral nos encamina por rumbos proféticos basado en las Sagradas Escrituras. Nos orienta sobre el don y el ministerio de profecía, insistiendo en que éstos para ser genuinos tienen que estar sustentados en la Palabra de Dios. De otro modo correremos el peligro de corromper el mensaje bíblico y hablar en nombre de Dios cuando él no dijo nada.

Hoy como en sus inicios –y tal vez más-- las iglesias requieren de la profecía con carácter de urgencia si quieren ellas ser verdaderamente apostólicas. Y con apostólicas quiero decir, iglesias que vayan a las naciones a predicar el mensaje de salvación. Necesitamos que la llama del Espíritu se extienda por el mundo y los profetas son una pieza clave para los avivamientos. Los mismos ministerios de alabanza y adoración tienen que enmarcarse en lo profético. Lo profético traerá lo apostólico y ambos ministerios moverán y activarán los dones entre los creyentes.

Como dice el autor de este libro, "*en una época en la que la iglesia ha dejado de meditar en la biblia, para confiar en el hombre y la Profecía no tiene mensaje*" de parte de Dios, la iglesia de Cristo requiere de la Profecía.

Recomiendo, pues, la lectura de este importante libro. Sin duda es el fruto del proceso educativo impartido en el Centro Cultural Mexicano (CCM) – Universidad Teológica, donde buscamos un equilibrio entre la espiritualidad sana, pentecostal y la academia teológica.

**Dr. Bernardo Campos**, *Teólogo Pentecostal, Miembro fundador de la Red Latinoamericana de Estudios Pentecostales, RELEP, Perú –México.*

# Introducción

Comenzaré diciendo, que no creo que los dones hayan cesado como algunos teólogos lo afirman (Teología cesacionalista[1]), estoy seguro que Dios sigue usando a hombres y mujeres con los dones que provee el Espíritu Santo, para edificación de la iglesia. Creo firmemente en el ministerio profético como lo enseña la escritura, pero no, en la concepción que se ha desvirtuado actualmente.

En la actualidad muchos cristianos dejaron de confiar en la Biblia para confiar más en el hombre. Gracias al descuido de la lectura bíblica, los falsos profetas tienen mayor oportunidad de manipular. Aunado a esto, la poca lectura de los mismos falsos profetas, también ha ocasionado una pérdida de temor a Dios; se han desviado de las enseñanzas de Cristo, para llevar al pueblo solo a emocionalismos a través de sus engaños e ignorancia.

Estoy convencido que el Señor Jesucristo no pasará por alto esta situación, sobre todo cuando dice: *"No todo el que me dice: Señor, Señor, entrará en el reino de los cielos, sino el que hace la voluntad de mi Padre que está en los cielos. Muchos me dirán en aquel día: Señor, Señor, ¿no profetizamos en tu nombre, y en tu nombre echamos fuera demonios, y en tu nombre hicimos muchos milagros? Y entonces les declararé: Nunca os conocí; apartaos de mí, hacedores de maldad." (Mateo 7:21-23).*

El Señor Jesucristo es muy franco al asegurar que los dones no salvan, ya que habrá algunos que harán mal uso de ellos, pero nos afirma que todo aquel que haga su voluntad, es decir, todo aquel que obedezca su mensaje, entrará en el reino de los cielos.

---

[1] Sam Waldron, **¿Continuara?** (Florida: Edición Chapel Library, 2020) 28

Este escrito es una denuncia contra los falsos profetas, que han olvidado el mensaje de Jesús, que han dejado de lado las sagradas escrituras, para enseñar conforme a sus propios razonamientos o deseos personales; arrastrando tras de sí a muchas personas sinceras, pero lamentablemente sin entendimiento. La Biblia no ha pasado de moda, sigue siendo el libro por excelencia, pues, su autor es nada más y nada menos, que el Espíritu Santo.

Muchos falsos profetas contraponen el Espíritu Santo con la Biblia, como si se tratara de dos cosas diferentes o contrarias. Sin embargo, quien no obedece las escrituras inspiradas por el Espíritu Santo, No es guiado por el Espíritu de Dios. Estoy convencido que quienes tienen el Espíritu Santo son guiados a meditar en las escrituras (su voluntad), y quienes tienen la ley de Dios en su corazón son guiados indudablemente por el Espíritu Santo. De otra manera observaríamos algo extraño, que no está bien.

En este libro, usted podrá conocer el ministerio profético, tanto en el Antiguo como en el Nuevo Testamento; la importancia que el profeta tenía como el portador del mensaje inspirado de parte de Dios. Entenderá como fue evolucionando y en qué tiempo el pueblo de Israel deja de ver al profeta como un predicador de los mandamientos, para comenzar a estimarlo solo como alguien que predice o revela cosas ocultas (vidente).

Al mismo tiempo, comprenderá como muchos falsos profetas en la actualidad, han engañado a muchas personas para que vivan de una manera desenfrenada. Como han jugado con sus emociones para que crean sus mentiras, y así empoderarse como verdaderos hombres de Dios. La iglesia debe tener cuidado, existen hombres que por ganancia deshonesta son capaces de todo.

*"En el pueblo de Israel hubo también algunos que decían ser enviados por Dios, pero no lo eran. Así también, entre ustedes, habrá quienes se crean*

*maestros enviados por Dios, sin serlo. Ellos les darán enseñanzas falsas y peligrosas, sin que ustedes se den cuenta, y hasta dirán que Jesucristo no es capaz de salvar. Por eso, cuando ellos menos lo esperen, serán destruidos por completo. Mucha gente vivirá como esos falsos maestros, haciendo todo lo malo que se les antoje. Por culpa de ellos, la gente hablará mal de los cristianos y de su modo de vivir. Esos falsos maestros desearán tener más y más dinero, y lo ganarán enseñando mentiras. Pero Dios ya decidió castigarlos desde hace mucho tiempo, y no se salvarán de ese castigo. (2 Pedro 2:1-3 BLS).*

Dios hecho hombre (Jesucristo), vino a este mundo a revelarnos los misterios ocultos desde tiempos antiguos (su voluntad), con la finalidad de mostrarnos el camino, y la verdad, y la vida (Mateo 14:6). Si el profeta no está atento a este mensaje y lo anuncia, es porque no ha comprendido aun, que las palabras del Señor son espíritu y son vida (Juan 6:63). Que solo él tiene palabras de vida eterna (Juan 6:68).

*"Escrito está en los profetas: Y serán todos enseñados por Dios. Así que, todo aquel que oyó al Padre, y aprendió de él, viene a mí." (Juan 6:45).* Todo aquel que es enseñado por Dios viene a Cristo, la misión del profeta es enseñar a los hombres con las palabras del Señor; para que sean enseñados por él y se conviertan. Al mismo tiempo, el profeta verifica que la iglesia este viviendo en los mandamientos correctos del evangelio.

El profeta no es portador de un nuevo evangelio (Gálatas 1:6-9), debe ser proclamador del evangelio de Cristo. Hoy vemos con desilusión a muchos falsos profetas con mensajes de sí mismos, mensajes de adulaciones, mensajes de prosperidad, de éxito, etc. No se escucha el mensaje (evangelio de Cristo), son profetas sin mensaje.

Se necesita recuperar este mensaje, no se debe permitir que se vaya diluyendo u olvidando, para ello el Señor necesita verdaderos profetas, dispuestos a proclamar el evangelio de

Jesucristo. Hombres y mujeres con un corazón dispuesto para negarse a sí mismos, buscando la gloria de Dios, antes que la de los hombres (Gálatas 1:10). Como lo dice Leonard Ravenhill:

*Jesús dijo «id», pero también dijo «esperad». Que algún hombre se encierre por una semana, sin otra comida que pan y agua, ni otros libros sino la Biblia, ni otro visitante excepto el Espíritu Santo, y os garantizo, hermanos predicadores, que este hombre, o quebrantará su propósito o quebrantará los corazones. Después de esto, a semejanza de Pablo, hará sentir su influencia en el infierno.* [2]

Concluyo diciendo que el profeta es un hombre inspirado, que porta el mensaje por excelencia. Este, debe tener entendimiento de los mandamientos que Cristo nos dejó en su evangelio, vivir conforme a ellos y predicarlo a la iglesia para edificación, exhortación y consolación (1 Corintios 14:3).

---

[2] Leonard Ravenhill, **Porque no llega el avivamiento** (Minneapolis: independently published, 2018), 96.

# Capítulo 1
# El Profeta y el mensaje

*"(antiguamente en Israel cualquiera que iba a consultar a Dios, decía así: venid y vamos al vidente; porque al que hoy se llama profeta, entonces se le llamaba vidente.) 1 Samuel 9:9*

*En el tiempo de Samuel las personas consultaban al vidente para saber lo que ocurriría en el porvenir, siempre la incertidumbre de lo que nos depara el futuro es una preocupación inquietante al parecer más importante que consultar al profeta para cerciorarse si se está viviendo en obediencia a las escrituras. Es en este pasaje bíblico donde se muestra que el profeta tenía otra función, pero con el tiempo se le ve más como a alguien que predice el futuro (como un vidente) que como a un pregonero de los mandamientos del Señor.*

# El profeta y el mensaje

## I. El profeta en el Antiguo Testamento.

El profeta es conocido como: el "portavoz de Dios", "el mensajero", "un hombre inspirado", el que "predice el futuro", el "varón de Dios" el "siervo", o como lo dice Robert L. Cate: el "que vierte lo que ha recibido"[3], etc. Sin duda tiene muchos adjetivos que lo describen muy bien. Ellos manifestaron a lo largo de la historia de Israel, diferentes formas de operar, pero, todas en obediencia al que los llamó. Veamos a continuación algunos ejemplos de profetas en el Antiguo Testamento.

Primeramente, tenemos a Abraham, como el primer hombre en llamársele profeta (Génesis 20:7). Dios *le mostró lo que pasaría* con Israel *en lo porvenir* sobre su cautiverio en Egipto y su salida victoriosa (Génesis 15:13-14). También encontramos a Moisés un profeta diferente a los demás, pues, el recibió la *"revelación de los mandamientos"*[4] (éxodo 34:27-28; Deuteronomio 34:10), en los cuales Israel debía vivir si quería hacer la voluntad de Dios.

Samuel es otro ejemplo, el Teólogo André Wenin dice que además de profeta, fue el último juez sobre Israel; tenía la responsabilidad de hacer cumplir la voluntad de Dios y al mismo

---

[3] "… el termino principal que se usó para describir a tal hombre era "profeta". Aunque no podemos estar del todo seguros respecto al significado más antiguo de este último término, aparentemente se refería a "uno que vertía". Así, tal hombre sería un proclamador, uno que vertía el mensaje de Dios. "Robert L. Cate, **Teología del Antiguo Testamento** (El Paso, TX: Casa Bautista de Publicaciones, 2004) 37.

[4] "… aquí Moisés es contrastado con los otros profetas, porque Dios le hablo cara a cara y no simplemente a través de sueños y visiones, que era la forma característica en que los profetas recibían sus revelaciones (Núm. 12:1-8). "Sam Waldron, **¿Continuara?** (Florida: Edición Chapel Library, 2020) 32

tiempo era vidente (1Samuel 3:19-20; 7:15).[5] Otro modelo es el rey David también considerado profeta, esto por algunas predicciones que son visibles en sus Salmos (Hechos 2:29-31).

Vemos además profetas como Isaías, Jeremías, Amós, etc. Que con señales y predicciones trataron de persuadir al pueblo a no ser infiel al Señor con otros dioses y prácticas extranjeras (ritos culticos). Así mismo, profetas en el exilio como Daniel o Ezequiel que nos muestran el trabajo a realizar y la influencia que tuvieron sobre el pueblo en ese tiempo.

Todos ellos ilustran perfectamente alguno de los adjetivos que definen o bien describe a quien era considerado un profeta. Ahora bien, adentrémonos un poco más.

## A) El canon del Antiguo Testamento (los mandamientos de Dios para Israel).

El canon[6] (libros aprobados) del Antiguo Testamento no se centra en la historia de Israel, sino, en las ocasiones que Dios aparece o interviene en ella. Es el Señor revelándose a su pueblo

---

[5] "… en este capítulo, Samuel adquiere un perfil de «juez», tal como nos lo describe el prólogo de Jue (2,11-18). En un pueblo infiel (w 11-12), que sirve a Baal y a las Astartés (v 13) y que está abocado por consiguiente a la opresión y al fracaso de sus luchas de liberación (w 14-15), el Señor suscita un juez capaz de salvar (w 16-17) Se queda aliado de ese juez y, durante toda su Vida, libra a Israel del poder de sus enemigos (v 18). Así pues, al final de su hazaña, Samuel, mediador, profeta e Intercesor, se pone a gobernar a Israel como un «juez», asegurando el orden y la paz para el pueblo y prosiguiendo así la obra de Josué." André Wenin **Samuel juez y profeta** (Avda. Pamplona: Editorial verbo divino, 1996), 31.

[6] La colección de los libros inspirados, tanto del Antiguo como del Nuevo Testamento se llama el "canon". Es un término griego que se utilizaba para describir un "criterio", una "norma" o "regla para medir". Al principio la iglesia primitiva lo aplicaba como la "regla de la verdad" o "de fe" al patrón de la enseñanza apostólica transmitida a la iglesia para distinguirla de otra literatura cristiana, pero no inspirada. Con el transcurso del tiempo fue utilizado para referirse a la lista de escritos que habían obtenido reconocimiento en la iglesia como sagradas Escrituras. Pablo Hoff, **Defensa de la fe** (El paso TX: Mundo Hispano, 2003), 41.

gradualmente con sus teofanías (manifestaciones de Dios) (Éxodo 19:18-19), mensajes de ángeles (Génesis 18:2; 19:1), declaraciones de su voluntad (mandamientos) (Deuteronomio 29:29; Josué 1:8), y predicciones futuras acerca de la venida de un gran Salvador (Mesías), el cual libraría al pueblo de sus pecados (Isaías 53) y les enseñaría todas las cosas con claridad en persona (Deuteronomio 18:15,18-19; Isaías 9:6; 52:6; 54:13).

Podemos decir que después de Moisés todos los hombres que recibieron revelación de Dios para comunicarlo al pueblo son profetas "mensajeros de Dios". No obstante, tenían como premisa todos ellos *predicar los mandamientos de Dios.* ¡Recordemos! estamos hablando de los profetas del Antiguo Testamento. El pueblo entendió en el exilio de Babilonia la importancia de vivir en los mandamientos que Jehová le revelo a Moisés en el desierto (Hechos 15:21), ya que por haberlos desobedecido se encontraban exiliados de la tierra prometida.

Samuel Amsler menciona que esa generación exiliada, se encargó con la dirección de Dios de recopilar los escritos sagrados que contenían *el mensaje de la voluntad de Dios* (sus mandamientos e instrucciones para el pueblo); Entre ellos se encontraban los Salmos (cantos), libros poéticos, proverbios, etc. Pero sin duda parte fundamental del Antiguo Testamento son sus primeros cinco libros (la ley o la Tora) y los escritos que llevan los nombres de los profetas que fueron esenciales para hacer volver a Israel a la voluntad de Dios.[7] Incluyendo los libros de los profetas que vivieron en el exilio que se añadieron tiempo después.

## B) El profeta debía obedecer la voluntad de Dios.

Quiero dejar claro que por voluntad de Dios se deben entender dos cosas: en primer lugar, a "la voluntad de Dios" nos referimos a los mandamientos revelados y plasmados en las escrituras para guardarlos (Deuteronomio 8:1-2; 11; Josué 1:8). Y en segundo lugar, se puede entender también como "voluntad de Dios" cuando el Señor comisiona a sus siervos (profetas) a "ir, hacer o decir" (Jeremías 1:7) lo que el todopoderoso les está mandando en ese momento; ya sea revelar algo oculto, alguna sentencia (juicio), predecir el futuro, realizar señales, apartarse del pueblo, dejar su trabajo (1 Reyes 19:19-21), etc. Cuando Dios comisiona alguna misión a sus profetas es con el fin de que se vuelvan o persistan en cumplir los mandamientos (Jeremías 44:3-5). Esto lo veremos más a detalle en el capítulo 4.

En este libro nos vamos a referir a los mandamientos escritos en el canon del Antiguo y Nuevo Testamento como "el mensaje". El cual debe proclamarse en todo tiempo. Este mensaje como

---

[7] El nombre del sacerdote-escriba Esdras va ligado tradicionalmente a la promulgación oficial de la Ley de Moisés como texto constitucional de la comunidad judía (Neh 8). Su promulgación se desarrolla a lo largo de varios días de fiesta, de arrepentimiento y de renovación de los compromisos por parte de todo el pueblo (Neh 9-10). La Ley, identificada muy pronto con el conjunto del Pentateuco, responde a una exigencia del imperio persa que se compromete a respetar las tradiciones locales, con tal que obedezcan a un texto oficialmente reconocido. Éste será en adelante el papel principal de la Torá de Moisés en la vida judía. Tanto en Jerusalén como en toda la diáspora, la comunidad se convierte en una verdadera teocracia, dirigida por los sacerdotes y los intérpretes de la Ley. Samuel Amsler, **Los últimos Profetas** (Pamplona: Editorial verbo divino Avda. 1996) 10.

explicaremos más adelante, consiste en predicar el evangelio de Cristo. Sin embargo, podemos percatarnos que el mensaje del evangelio se está dejando de lado para dar únicamente importancia a los mensajes de cosas ocultas o predicciones (Como si esta misión fuera la primera); Como dijo el Señor: *"esto era necesario hacer, sin dejar de hacer lo otro"* (Mateo 23:23). Así que el profeta debe tener claro el mensaje escrito (los mandamientos de Dios), y al mismo tiempo estar dispuesto a ser instrumento del Señor en lo que le mande que haga o diga.

Todos los profetas fueron parte fundamental en la revelación de Dios a los hombres, sin ellos, lo que hoy conocemos de Dios nunca hubiera sido lo mismo. A excepción de Abraham. Desde Moisés en adelante todos los profetas son inspirados a proclamar los mandamientos del Señor que fueron revelados en el monte Sinaí, pues era la revelación de la voluntad de Dios (el mensaje). No obstante es importante decir, que aunque Abraham vivió sin ley, el Nuevo testamento nos dice que vivió bajo la ley de la fe y por ella fue justificado convirtiéndose en ejemplo de vida aun para el cristianismo (Romanos 4:3). Del profeta Abraham nos ocuparemos más tarde en un capítulo 9.

Poco a poco en cada capítulo y apartado de este libro se estará haciendo hincapié en el mensaje que el profeta debe proclamar o predicar; repetimos que el mensaje al que nos referimos aquí es la "Biblia" (la voluntad de Dios escrita para que vivamos en ella). *"Las cosas secretas pertenecen a Jehová nuestro Dios; mas las reveladas son para nosotros y para nuestros hijos para siempre, para que cumplamos todas las palabras de esta ley." (Deuteronomio 29:29).*

## C) La concepción del profeta cambio.

El profeta antes de Samuel era considerado aquel que "recordaba el mensaje" al pueblo de Israel, es decir, les instaba a vivir en los mandamientos del Señor (Números 11:24-29; Josué 1:7-8; Deuteronomio 29:29). Porque para el profeta los mandamientos eran la revelación de la voluntad de Dios. Sin embargo, la concepción del profeta pasa hacer de "aquel que recuerda los mandamientos de Dios" a "alguien que solo predice el futuro", ya que al profeta se le añadió la misión de ir, hacer (milagros, dramatizar), decir, predecir (cosas ocultas de personas y el futuro), con la finalidad de persuadir para que se volvieran a los mandamientos de Dios (el mensaje), como lo vemos en el siguiente pasaje:

*"(antiguamente en Israel cualquiera que iba a consultar a Dios, decía así: venid y vamos al vidente; porque al que hoy se llama profeta, entonces se le llamaba vidente.) 1 Samuel 9:9*

En el tiempo de Samuel las personas consultaban al vidente para saber lo que ocurriría en el porvenir, siempre la incertidumbre de lo que nos depara el futuro es una preocupación inquietante al parecer más importante que consultar al profeta para cerciorarse si se está viviendo en obediencia a las escrituras. Es en este pasaje bíblico donde se muestra que el profeta tenía otra función, pero con el tiempo se le ve más como a alguien que predice el futuro (como un vidente) que como a un pregonero de los mandamientos del Señor.

Lo mismo sigue ocurriendo hoy en día, se le llama profeta a quien descubre el secreto de una persona o predice algún acontecimiento y en el sentido estricto de la palabra aquella persona está profetizando (porque da un mensaje de parte de Dios), pero ello no quiere decir que tenga el "ministerio profético", es muy diferente, pues este consta de recordar el mensaje (los mandamientos) en el presente, cuando el pueblo por las circunstancias difíciles es seducido a claudicar apartándose de la voluntad de Dios.

Por su puesto, que un profeta que proclama el mensaje del evangelio puede tener más dones y descubrir los secretos ocultos de personas o predecir algunos acontecimientos. Pero un siervo que solo tiene el descubrimiento de cosas secretas y/o predicciones y no tiene el conocimiento o el mensaje del evangelio, es más un "vidente", pero no tiene el ministerio profético (del cual hablaremos más adelante), ya que el principal trabajo del profeta es predicar la voluntad de Dios en su generación, debe estar preparado con el conocimiento de la escritura y del entorno social de su tiempo.[8]

José Luis Sicre lo resume de la siguiente manera: "*Para la mayoría de la gente, el profeta es un hombre que «predice» el futuro, una especie de adivino. Esta concepción tan difundida tiene dos fundamentos: uno, erróneo, de tipo etimológico; otro, parcialmente justificado, de carácter histórico... En determinados momentos, los profetas son conscientes de revelar cosas ocultas. Pero su misión principal es iluminar el presente, con todos sus problemas*

---

[8] Para apreciar la función de los profetas neotestamentarios, necesitamos conocer el significado de su nombre y examinar la historia de sus acciones. El profeta es "aquel que da a conocer el consejo de Dios con la claridad, la energía y la autoridad que dimanan de la conciencia de estar hablando en nombre de Dios, y de haber recibido directamente de él un mensaje que entregar... Del profeta, tanto del Antiguo Testamento como del Nuevo, podemos con la misma confianza afirmar que no es principal sino incidentalmente uno que predice cosas futuras, siendo más bien uno que ha sido enseñado de Dios y que da a conocer su voluntad Deuteronomio 18:18; Isaías 1; Ezequiel 2; 1 Corintios 14:3)". James D. Crane, **El Sermón Eficaz** (Torreón, México: Editorial Mundo Hispano, 2003), 27.

*concretos: injusticias sociales, política interior y exterior, corrupción religiosa, desesperanza y escepticismo.* [9]

Un error etimológico y otro histórico. El histórico ya lo citamos en 1 Samuel 9:9. Ahora reflexionemos sobre el error etimológico, tenemos que definir los significados de las palabras "vidente" y "profeta". La palabra vidente en hebreo es "roe" que viene de la raíz primaria "raa" que significa "ver" literalmente o figurativamente, este término tiene que ver con la "visión" de acontecimientos futuros.[10] Por otro lado, la palabra "profeta" viene del hebreo "Nabi" y el verbo "Naba" que en su raíz primaria significa "profetizar" (hablar por inspiración).[11]

Como vemos son dos cosas totalmente diferentes, mientras que uno tiene visiones de acontecimientos futuros el otro predica inspirado por el Espíritu Santo los mandamientos del Señor. Según la "Biblia comentada-profesores de salamanca" nos dice lo siguiente: *profeta, nabí, es propiamente, el que anuncia un mensaje que se le ha confiado. Aarón es profeta (Nabí) porque retransmite al faraón de Egipto lo que le anuncia Moisés (Exo 7:1); el nabí es la boca de Dios (Jer 15:19), porque anuncia su palabra (jer 18:18; Ose 6:5; Amo 3:8). Con el tiempo, la noción de Nabí sufrió algunos cambios. Es llamado roeh, vidente, el que ve lo que está oculto a otros (Isa 30:10)".*[12] Ahora muchos ven al profeta como un vidente, sin embargo, su principal misión es proclamar los mandamientos de Dios.

Podemos decir que algunos rasgos del profeta es predecir, ya que en su contexto histórico hubo profetas que hablaron de

---

[9] José Luis Sicre, **Los Profetas de Israel y su Mensaje** (España: Cristiandad, 1987), 5.

[10] Diccionario Strong, s.v. "vidente".

[11] Diccionario Strong, s.v. "Profeta".

[12] Maximiliano García Cordero y Gabriel Pérez Rodríguez, Biblia comentada por los profesores de Salamanca (Salamanca: editorial B.A.C. 1962)

acontecimientos futuros, pero su principal misión era predicar el mensaje que el Señor les había revelado por boca de Moisés.

**En conclusión:** podemos decir que el profeta del Antiguo Testamento, independientemente de las cosas ocultas o futuras que le eran reveladas por Dios como señal de su omnisciencia, era consiente que su misión principal era hacer volver al pueblo a la voluntad de Dios (Nehemías 1:9; 1 Samuel 15:22-25; Ezequiel 33:11-20; Joel 2:13; Oseas 14:1; Zacarías 1:3). El ministerio profético consiste en recordar la voluntad de Dios, es decir: ¡que no muera el mensaje, que no se olvide!

Ahora bien, todos tenían acceso a los mandamientos de Dios y podían enseñarlos. Como los sacerdotes, jueces, reyes, levitas, algunos laicos del pueblo; sin embargo, no todos tenían el llamado a proclamar este mensaje con tanta inspiración y respaldo como **el profeta**.

## II. El profeta y el mensaje en el Nuevo Testamento.

*"Guardaos de los falsos profetas, que vienen a vosotros con vestidos de ovejas, pero por dentro son lobos rapaces. Por sus frutos los conoceréis. ¿Acaso se recogen uvas de los espinos, o higos de los abrojos? Así, todo buen árbol da buenos frutos, pero el árbol malo da frutos malos. No puede el buen árbol dar malos frutos, ni el árbol malo dar frutos buenos. Todo árbol que no da buen fruto, es cortado y echado en el fuego. Así que, por sus frutos los conoceréis." Mateo 7:15-20*

Jesús como el gran Profeta prometido denuncia la falsedad de algunos profetas, haciéndoles notar que un rasgo inequívoco del siervo de Dios son sus buenos frutos, los cuales consisten en hacer la voluntad de Dios. Nótese que Jesús no menciona acerca de las predicciones cumplidas para cerciorarse si es un verdadero profeta, sino que enfoca su enseñanza en el cumplimiento de la voluntad de Dios, "el mensaje" (Deuteronomio 13:1-5).

El diccionario Bíblico Mundo Hispano menciona tres formas de comprobar en el Antiguo Testamento si un profeta era falso o verdadero (también nos sirve en el Nuevo Testamento) y una de ellas es *"la comprobación moral (Jer. 23:9). Esta es una comprobación que debe aplicarse primero a la vida de los mismos profetas (23:13-14) y luego a la tendencia del mensaje que ellos predican. ¿Es que en realidad están fortaleciendo las manos de los inicuos, asegurándoles que no deben temer el juicio que vendrá (23:17)? Esta es una señal segura de que no han estado ante el señor para escuchar su palabra (23:18-19). El profeta que acaba de salir de la presencia del señor tiene un mensaje que hace volver al pueblo del mal (23:22).*[13] El profeta debe vivir el mensaje y predicarlo.

Para Jesús entonces, el profeta debe ser alguien que practica su mensaje, que vive en la verdad (la voluntad de Dios), de otra manera seria un falso profeta o predicador, que solo busca manipular y sacar provecho del pueblo, fingiendo ser bueno, pero en su corazón hay corrupción. Como lo dice la "Biblia de Estudio Teológico" de la siguiente manera:

*"guardaos de los falsos profetas. Manteniendo el equilibrio de no juzgar (vv. 1-5) ni tampoco de mostrar una tolerancia ingenua (v. 6), Jesús enseña a sus discípulos que deben ser sabios y perspicaces cuando surgen supuestos profetas de entre ellos. La vida del profeta y los resultados de su influencia sobre los demás son los frutos que indicarán si su mensaje es coherente con la vida del reino de la justicia. Fuego. Los árboles malos solo sirven como leña.*

---

[13] Diccionario Bíblico Hispano, s.v. "profeta".

*Esta es una fuerte metáfora del futuro juicio que recibirán los falsos profetas.*[14]

Esta definición nos permiten ver dos cosas muy certeras: la vida del profeta (su carácter, piedad, testimonio, su imagen como siervo de Dios, etc.) y la influencia sobre los demás, si es según la piedad. Aunque ahora vemos profetas muy despreocupados con su imagen de siervo de Dios, pues casi pretenden ser artistas. por otro lado, tienen una influencia más carnal que espiritual, por ejemplo transmiten la idea de buscar poder de Dios para ser exitosos, tener dinero, viajar mucho, sentirse en otro nivel, etc. No suena al evangelio de Cristo.

Ahora bien, si es un buen siervo de Dios y con su vida testifica que cumple las escrituras y enseña a los demás a ser fiel a Cristo pese a las pruebas (tentaciones, crisis, persecuciones, etc.), y con el tiempo ha dado muestra de su devoción a Dios, debe considerarse un profeta del Señor.

*"Por muy desagradable que nos resulte una persona o el contenido de sus palabras, si nos animan a mantenernos fieles al espíritu de Jesús, y esa enseñanza la corrobora con su vida, estamos obligados a considerarlo un verdadero profeta. Al contrario, por agradable que nos resulte una persona, por mucho que sintonicemos con ella, si nos aleja del camino del evangelio, será un «lobo rapaz», disfrazado «con piel de oveja».*[15]

Para Jesús el hacer su voluntad (el evangelio) es más importante que ser usados en algún ministerio (1 Corintios 13:2), es decir, el título no salvará al profeta, ni los dones que posea por más

---

[14] Michael J. Wilkins, **Biblia de estudio Teológico** (Edición S, Leticia Calcada, Brasil: 2019) Mateo 7:15-20. Pág. 1576-

[15] José Luis Sicre, **Los profetas de Israel** (España: Cristiandad, 1987) 13

espectaculares que estos sean. Antes, sino hace la voluntad de Dios esta reprobado.

*"No todo el que me dice: Señor, Señor, entrará en el reino de los cielos, <u>sino el que hace la voluntad de mi Padre que está en los cielos</u>. Muchos me dirán en aquel día: Señor, Señor, <u>¿no profetizamos en tu nombre</u>, y en tu nombre echamos fuera demonios, y en tu nombre hicimos muchos milagros? Y entonces les declararé: <u>Nunca os conocí</u>; apartaos de mí, hacedores de maldad.* Mateo 7:21-23*

¿Hacedores de maldad? Creo que Jesús se refiere aquellos que no tienen amor, pues un rasgo distintivo de los discípulos de Cristo es el amor *"En esto conocerán todos que sois mis discípulos, si tuviereis amor los unos con los otros."* (Juan 13:35). Otro pasaje que nos muestra un corazón sin maldad es *"<u>El amor</u> es sufrido, es benigno; el amor no tiene envidia, el amor no es jactancioso, no se envanece; no hace nada indebido, no busca lo suyo, no se irrita, no guarda rencor; <u>no se goza de la injusticia, más se goza de la verdad</u>. Todo lo sufre, todo lo cree, todo lo espera, todo lo soporta. El amor nunca deja de ser; <u>pero las profecías se acabarán</u>, y cesarán las lenguas, y la ciencia acabará."* (1 Corintios 13:4-8)

Inclusive este mismo capítulo nos dice al inicio con más claridad que el profeta sin amor, no tiene a Dios, es decir, no tiene los frutos que debe dar un siervo del señor y Jesús dijo: *"por sus frutos los conoceréis"*. *"Y si <u>tuviese profecía</u>, y entendiese todos los misterios y toda ciencia, y si tuviese toda la fe, de tal manera que trasladase los montes, y no tengo amor, nada soy."* (1 Corintios 13:2).

Muchos falsos profetas no quieren sufrir, hoy en día buscan solo plataformas, púlpitos, las mejores congregaciones donde hay dinero, y por si fuera poco se invitan solos. A las iglesias pequeñas desean ir cuando no tienen otra invitación. Se han envanecido en sus razonamientos yendo a donde ellos eligen, y se olvidan que son instrumentos del Señor para enviarlos donde él los necesita. *"Y me dijo Jehová: No digas: Soy un niño; porque a todo lo que te envíe irás tú, y dirás todo lo que te mande. (Jeremías 1:7).* Pero, ya hablaremos de ello más adelante.

## A) La concepción de Lucas sobre el profeta y el mensaje en el libro de los Hechos.

Lucas en el libro de los Hechos nos muestra que él tenía dos concepciones del profeta. Por ejemplo, él llama "profeta" a un siervo que le revela a Pablo lo que va sucederle en el futuro: *"Y permaneciendo nosotros allí algunos días, descendió de Judea un profeta llamado Ágabo quien viniendo a vernos, tomo el cinto de pablo, y atándose los pies y las manos, dijo: esto dice el Espíritu Santo: así atarán los judíos en Jerusalén al varón de quien es este cinto, y le entregarán en manos de los gentiles."* (Hechos 21:10-11). Otro pasaje que muestra la concepción del profeta como "adivino o prediciendo el futuro" es Hechos 13:1-3, donde muestra el trabajo revelador de los profetas al elegir por el Espíritu Santo a Pablo y Bernabé para enviarlos a predicar el evangelio.

También para Lucas el profeta es aquel que posee un "entendimiento o bien conocimiento especial" para predicar la voluntad de Dios, este profeta es usado por el Señor para consolar al pueblo con un mensaje inspirador para el momento (presente).

Como en el siguiente ejemplo donde la iglesia gentil necesitaba ser consolada, *"Y Judas y Silas, como ellos también eran profetas, consolaron y confirmaron a los hermanos con abundancia de palabras. Y pasando algún tiempo allí, fueron despedidos en paz por los hermanos, para volver a aquellos que los habían enviado. Más a Silas le pareció bien el quedarse allí. Y Pablo y Bernabé continuaron en Antioquía, enseñando la palabra del Señor y anunciando el evangelio con otros muchos."* Hechos 15:32-35

Las palabras "consolaron" y "confirmaron" nos muestra la influencia de Pablo en el conocimiento de su discípulo Lucas, pues, para Pablo el profeta es aquel que tiene en su boca "el mensaje" (la doctrina de Jesucristo), en este caso el profeta tiene la revelación del evangelio, *"pero el que profetiza habla a los hombres para edificación, exhortación y consolación... el que profetiza edifica a la iglesia (1 Corintios 14:3)".* En este caso tanto Lucas como Pablo veían al profeta no solo como alguien que se le revela algo oculto, sino, también como un portador de un mensaje inspirado que confirma el evangelio para consolar y confirmar en ese momento.

# B) La concepción de Pablo sobre el profeta y el mensaje en 1 Corintios 14.

Para el apóstol Pablo la profecía o el ministerio profético tiene que ver más bien con predicar el mensaje (el evangelio de Cristo):

*1 Corintios 14:5, 19,24-25,29-33*

*"así que, quisiera que todos vosotros hablaseis en lenguas, pero más que profetizaseis; porque mayor es el que profetiza que el que habla en lenguas, a no ser que las interprete para que la iglesia reciba edificación...pero en la iglesia prefiero hablar cinco palabras con mi entendimiento, para enseñar también a otros, que diez mil palabras en lengua desconocida...pero si todos*

*profetizan, y entra algún incrédulo o indocto, por todos es convencido, por todos es juzgado; lo oculto de su corazón se hace manifiesto; y así, postrándose sobre el rostro, adorara a Dios, declarando que verdaderamente Dios está entre vosotros…asimismo, los profetas hablen dos o tres, y los demás juzguen. Y si algo le fuere revelado a otro que estuviere sentado, calle el primero. Porque podéis profetizar todos uno por uno, para que todos aprendan, y todos sean exhortados. Y los espíritus de los profetas están sujetos a los profetas; pues Dios no es Dios de confusión, sino de paz."*

Podemos percibir claramente que en los versículos anteriores el profetizar se refiere a la enseñanza de alguien que habla con entendimiento para convencer, enseñar y exhortar, edificando así la vida tanto de la iglesia, como de los incrédulos.

William Barclay realiza una versión más clara de este pasaje, solo pondré los primeros versículos que expresan lo que queremos dar a entender:

*"haced de este amor el objetivo de nuestra vida. Anhelad los dones espirituales, especialmente el de comunicar a otros la verdad. Porque, el que habla en lengua, no está hablando a los hombres, sino a Dios; porque nadie más le puede entender, aunque por el Espíritu hable cosas que solo los iniciados puedan comprender. Sin embargo, el que proclama la verdad a sus semejantes dice cosas que los edifican, los animan y los confortan. El que habla en una lengua edifica su propia vida espiritual; pero el que proclama la verdad edifica la vida espiritual de la iglesia".[16]*

La revelación de las escrituras inspiran al profeta para predicar el mensaje que debe enseñar a la iglesia para edificación, exhortación y consolación para ese momento en su contexto

---

[16] William Barclay **Comentario Bíblico al Nuevo Testamento** (Barcelona, España: Editorial CLIE, 2006) 607-651

social y eclesial, a fin de aclarar dudas o bien para corregir su conducta, según nos lo revela el versículo 5, El comentario Bíblico de William Barclay hace la siguiente afirmación del pasaje 1 Corintios 14:5.

*"paralelamente al don de lenguas, pablo sitúa el don de profecía. En la traducción no hemos usado la palabra profecía, porque podría haber complicado aún más una situación ya bastante complicada de por sí. En este caso, y corrientemente de hecho, no tiene nada que ver con el sentido que se le da vulgarmente a esta palabra, que es la de predecir el futuro, sino con el de proclamar la voluntad y el mensaje de Dios. Ya hemos dicho que la predicación reflejaría el sentido original bastante bien, aunque también aquí tendríamos que tener cuidado con las acepciones vulgares. Aquí hemos conservado y traducido la idea original de proclamar el mensaje"*[17]

Recordemos que Pablo es considerado no solo apóstol, sino, también profeta (predicador) (1 Timoteo 2:7). (4:1-3; 2 Timoteo 3:1-9), ya que el recibió la revelación del evangelio de Jesucristo, *"más os hago saber, hermanos, que el evangelio anunciado por mí, no es según hombre; pues yo no lo recibí ni lo aprendí de hombre alguno, sino por revelación de Jesucristo."* Gálatas 1:11-12.

Como se necesitan profetas que tengan la revelación del evangelio de Jesucristo, que prediquen la sana doctrina, para Pablo esto era muy importante, pues, el mismo le dice a Timoteo que el Señor *"quiere que todos los hombres sean salvos y vengan al conocimiento de la verdad."* (1 Timoteo 2:4) también Pablo menciona la importancia de predicar y vivir en la doctrina de Jesucristo, este debe ser siempre el mensaje central de todo profeta o predicador.

---

[17] William Barclay **Comentario Bíblico al Nuevo Testamento** (Barcelona, España: Editorial CLIE, 2006) 607-651

*"si alguno enseña otra cosa, y no se conforma a las sanas palabras de nuestro señor Jesucristo, y a la doctrina que es conforme a la piedad, esta envanecido, nada sabe, y delira acerca de cuestiones y contiendas de palabras, de las cuales nacen envidias, pleitos, blasfemias, malas sospechas, disputas necias de hombres corruptos de entendimiento y privados de la verdad, que toman la piedad como fuente de ganancia; apártate de los tales. (1 Timoteo 6:3-5).*

Muchos falsos profetas, no se conforman con lo que Cristo nos mandó, se inventan cada cosa que muchos pueden percatarse que esta fuera de los principios bíblicos de adoración y ministración. Es de manifiesto que no pasan tiempo en las escrituras, es decir, no meditan el mensaje, que debería ser el sello de su vocación.

*"Te encarezco delante de Dios y del Señor Jesucristo, que juzgará a los vivos y a los muertos en su manifestación y en su reino, que prediques la palabra; que instes a tiempo y fuera de tiempo; redarguye, reprende, exhorta con toda paciencia y doctrina. Porque vendrá tiempo cuando no sufrirán la sana doctrina, sino que teniendo comezón de oír, se amontonarán maestros conforme a sus propias concupiscencias, y apartarán de la verdad el oído y se volverán a las fábulas. (1 Timoteo 4:1-4)*

Las enseñanzas de Jesucristo deben estar en la boca de cada profeta en todo tiempo. No solo las que hablan del poder de Dios, sino, también aquellas que redarguyen y reprenden. *"Procura con diligencia presentarte a Dios aprobado, como obrero que no tiene de qué avergonzarse, que usa bien la palabra de verdad. (2 Timoteo 2:15)*

Entonces, el profeta es aquel que proclama a tiempo y fuera de tiempo la doctrina de nuestro Señor Jesucristo. Es un predicador inspirado porque ha recibido la revelación del evangelio, lo entiende, lo predica y lo vive. No todo predicador tiene el ministerio profético, pero todos al anunciar el evangelio realizamos obra de profeta. Solo que, quien tiene el ministerio profético tiene una comprensión especial del contexto eclesial, social, político, etc. y un Rhema único para proclamar el mensaje.

Existen pastores que hacen obra de evangelistas, por la necesidad, pero su llamado es ser pastor. Como hay evangelistas que hacen obra de pastores, pero su llamado es ser evangelista. Así muchos podemos hacer obra de profeta, pero no significa que seamos profetas.

El predicador o profeta puede además de predicar el evangelio tener otros dones, como la revelación de cosas ocultas o futuras, dones de sanidad, discernimiento de espíritu, etc. Hoy en día los púlpitos carecen de la doctrina (del evangelio de Jesucristo) este es el mensaje verdadero.

Se le ha confiado a los que tienen revelación de cosas ocultas o dan mensaje personal y no es malo, solo que no debe por ningún motivo omitir el mensaje. Estos deben primero preocuparse por estudiar correctamente la Biblia (el mensaje), para enseñar a los demás correctamente.

En las cartas pastorales se hace mención en algunas ocasiones de no apartarse de la fe, por ejemplo: *"la cual profesando algunos, se desviaron de la fe... (1 Timoteo 6:21).* Aquí la "fe" se refiere a la "doctrina de Jesucristo", por ello es importantísimo que los profetas recuerden las enseñanzas de nuestro Señor, pues, quien no vive en la "doctrina" no vive en la "fe". Quien se desvía de la doctrina ya no está en Cristo (la fe).

Ahora bien toda profecía debe adaptarse a las escrituras, porque Pablo lo menciona en el siguiente pasaje: *"De manera que, teniendo diferentes dones, según la gracia que nos es dada, si el de profecía, úsese conforme a la medida de la fe." (Romanos 12:6).* Aquí la fe también se refiere a la doctrina o bien la tradición de las enseñanzas del evangelio que habían aprendido, como ya lo hemos mencionado anteriormente.

Samuel Pérez Millos lo expresa de la siguiente manera: *"El don de profecía debía usarse… "Conforme a la medida de la fe". En este sentido podría traducirse como conforme a la lógica de la fe, es decir, de acuerdo con las verdades de fe que se habían transmitido a la iglesia por los apóstoles y profetas. Ningún ministerio profético podía discrepar con la base de fe dada a la iglesia, sino conformarse a ella. La medida de la fe es el criterio que cada profeta debía seguir y al que debía atenerse en el ejercicio del ministerio de edificación, aliento y consolación. Por esa misma causa, el ministerio profético referido, podía ser juzgado por los oyentes, en sentido de valorar si se ajustaba a la doctrina recibida (1 Corintios 14:29). Quiere decir esto que cualquier predicación en sentido de mensaje profético que no se ajuste en todo a la escritura debe ser hecho callar en la congregación (1 Corintios 14:28). La doctrina controla el mensaje y no al revés. El aliento y la consolación solo son eficaces cuando descansan en la palabra y son concordantes con ella.*[18]

Esto es de suma importancia, ya que cualquiera que profetiza algo que contradiga el evangelio de Jesucristo, está mintiendo, no es un verdadero profeta. Por ejemplo, si algún profeta se levantara en Israel y comenzara a profetizar mal de Moisés, de la ley, de los profetas, estamos seguros que no lo recibirían como a alguien que da un verdadero mensaje de parte de Dios.

Es por ello, que Cristo no fue recibido como profeta, ya que extenuaba su inconformidad no a la ley, sino, a las tradiciones de los ancianos (Mateo 15:1-9); o bien realizaba milagros en el día de reposo; Aunque él no lo contradecía, sino, al contrario lo cumplía. (Mateo 5:17-20). Y estaba escrito que Jesús seria aquel gran Profeta que los llevaría a la libertad y les enseñaría todas las cosas, pero no se persuadieron que él era aquel Mesías que habría de venir (Isaías 52:6; 54:13; Juan 6:45), porque tenían las tradiciones como mandamientos (Mateo 15:3). Ahora la iglesia

---

[18] Samuel Pérez Millos **Comentario Exegético al Texto Griego del Nuevo Testamento de Romanos** (Barcelona, España: Editorial CLIE, 2011) 896.

pareciera que tiene los mandamientos de Cristo como tradiciones; la iglesia debe ser más diligente en guardar la norma de Fe que ha recibido.

"Los púlpitos no son para profetas sin mensaje." Como dice una parte de la escritura "*Y éstos también sean sometidos a prueba primero, y entonces ejerzan el diaconado, si son irreprensibles (1 Timoteo 3:10). "... apto para enseñar (1 Timoteo 3:2).* Sabemos que está hablando del diaconado y el obispado (en aquel tiempo líderes de la iglesia encargados de servir y enseñar). Pero a los llamados hacer profetas no podemos exigirles menos que estos, ya que estos versículos son el filtro que deben pasar todos los que ostentan un liderazgo en la iglesia y el del profeta no es de menor importancia.[19] Recomiendo leer 1 Timoteo 3:1-13.

Si los profetas no cumplen con estos requisitos, simplemente no están aprobados para predicar, pues, no tendrían la autoridad moral para enseñar, corregir, instruir, redargüir, edificar, exhortar, consolar, etc.

## C) La profecía según el evangelio de Lucas.

José Luis Sicre nos enseña que en el evangelio de Lucas todo aquel que habla por el Espíritu Santo está profetizando, aunque no lo diga como tal. Por ejemplo tenemos a Elisabet, cuando fue llena del Espíritu Santo y comenzó hablar como si alguien le

---

[19] El desempeño de un ministerio especializado como el que acabamos de describir exige la posesión de ciertas cualidades personales indispensables. La lista más completa de éstas se encuentra en 1 Timoteo 3:2-7. Un estudio cuidadoso de las quince consideraciones allí expuestas revela que el apóstol hace hincapié en tres cosas fundamentales, a saber; la conducta moral, la madurez espiritual y la aptitud para enseñar. James D. Crane, **El sermón Eficaz** (Torreón, México: Editorial Mundo Hispano, 2003), 28

hubiera dicho todo lo tocante a la concepción de Jesús y que María era la elegida (Lucas 1:41-45). También hace mención que cuando estaba cerca el alumbramiento de Juan el Bautista, el Espíritu Santo llenó a Zacarías y comenzó a profetizar (Lucas 1:67).

Tenemos el caso de Simeón, la Biblia menciona que el Espíritu Santo estaba sobre él y le había revelado que no moriría hasta que viera al ungido del Señor, cuando tomó a Jesús en los brazos comenzó hablar maravillas del niño entendiendo quien era (Lucas 2:25-35). También está ahí Ana la profetiza que habla por el mismo espíritu acerca del niño a todos los que esperaban la consolación de Jerusalén (2:36-38).

La Biblia no menciona que Elisabet era profetiza, ni Zacarías (aunque se reconoce que profetizó), o Simeón, aunque hablo guiado por el Espíritu Santo, tampoco se le reconoce como profeta. Algunos podían hablar o profetizar por el Espíritu Santo en ciertas ocasiones, pero eso no quería decir que tenían el ministerio profético (oficio). Sin embargo, la Biblia hace mención que Ana era profetiza, pues, al parecer ya tenía muchos años sirviendo al Señor con este don y su vocación había sido ratificada como una mujer que tenía el ministerio profético.

Así podemos concluir que en el Nuevo Testamento todo el que habla por el Espíritu Santo está profetizando (Hechos 2:16-18), pero no todos tienen el ministerio profético. Para ello, se debe tener además del don de videncia (cosas ocultas), una clara comprensión de las escrituras, así sabrá siempre discernir la voz de Dios de cualquier espíritu de error y emoción. De esta manera se podrá bendecir a la iglesia con palabras que edifican, exhortan y consuelan.

Ahora bien, aquí los profetas no pueden compararse con Jesús (no pueden revelar un mandamiento nuevo), la profecía es dada por el poder del Espíritu Santo y sujeta a las enseñanzas de Cristo; los apóstoles a su vez, juntamente con los profetas hablaron por el Espíritu de Cristo en todo el Nuevo Testamento. También podemos decir, que todos los que hablaron inspirados por el Espíritu Santo fueron Cristo céntricos; el mensaje se centró en él, al igual que hoy en día, nuestro mensaje debe ser Cristo céntrico (el evangelio).

Cuando Jesús dijo que el Espíritu Santo nos enseñaría todas las cosas y recordaría lo que él nos había dicho (Juan 14:26), todavía no existía el Nuevo Testamento escrito, sino que, sus enseñanzas se pasaban tradicionalmente. Pero, cuando fue necesario escribir los evangelios, recordó a sus siervos todo lo que él había dicho, para que su mensaje quedara plasmado para siempre. Así que tenemos la profecía más segura, que es la sagrada escritura (2 Pedro 1:19-21).

## D) Profeta sin mensaje.

Es necesario que el profeta tenga un crecimiento espiritual, que madurez, para que evite caer en descredito y en lazo del diablo (1 Timoteo 3:7), por eso dice Pablo a Timoteo: "no un neófito", porque se pueden envanecer y pueden enseñar doctrinas erróneas que van en contra de la voluntad de Dios y corromper a otros. Los dones no son garantía del temor de Dios (Mateo 7:21-23), aún con los dones en función pueden ignorar las escrituras y enseñar a su manera, o estar viviendo en pecado. Como lo dicen los siguientes versículos:

*"Cuando se levantare en medio de ti profeta, o soñador de sueños, y te anunciare señal o prodigios, y si se cumpliere la señal o prodigio que él te*

*anunció, diciendo: Vamos en pos de dioses ajenos, que no conociste, y sirvámosles; no darás oído a las palabras de tal profeta, ni al tal soñador de sueños; porque Jehová vuestro Dios os está probando, para **saber si amáis a Jehová vuestro Dios con todo vuestro corazón, y con toda vuestra alma**. En pos de Jehová vuestro Dios andaréis; a él temeréis, guardaréis sus mandamientos y escucharéis su voz, a él serviréis, y a él seguiréis. Tal profeta o soñador de sueños ha de ser muerto, por cuanto aconsejó rebelión contra Jehová vuestro Dios que te sacó de tierra de Egipto y te rescató de casa de servidumbre, y trató de apartarte del camino por el cual Jehová tu Dios te mandó que anduvieses; y así quitarás el mal de en medio de ti. (Deuteronomio 13:1-5)*

Estos versículos nos dejan claro que si alguien nos revela algo o predice algún acontecimiento y se cumple, aun así no es certeza plena que sea un hombre temeroso de Dios, pues, si no tiene doctrina, si no ama la voluntad de Dios, aunque tenga el don (el cual es irrevocable) vive alejado de la voluntad de Dios. *"El que tiene mis mandamientos, y los guarda, ése es el que me ama; y el que me ama, será amado por mi Padre, y yo le amaré, y me manifestaré a él." (Juan 14:21)*

He escuchado a pastores defender a profetas indisciplinados o que están en pecado, con la justificación "Dios los usa". Querido amigo no te confundas, los dones estarán ahí y al final el Señor les pedirá cuenta. Ahora bien, si no obedecen la voluntad de Dios y no están bajo ninguna autoridad, no cumplen con los requisitos que hemos mencionado anteriormente en 1 Timoteo 3; por lo tanto, déjame decirte que están reprobados, y aunque usted los reconozca como profetas, el Señor les dirá: *"nunca os conocí; apartaos de mí, hacedores de maldad" (Mateo 7:23).*

*"Así que, las lenguas son por señal, no a los creyentes, sino a los incrédulos; pero la profecía, no a los incrédulos, sino a los creyentes. Si, pues, toda la iglesia se reúne en un solo lugar, y todos hablan en lenguas, y entran indoctos o incrédulos, ¿no dirán que estáis locos? Pero si todos profetizan, y entra*

*algún incrédulo o indocto, por todos es convencido, por todos es juzgado; lo oculto de su corazón se hace manifiesto; y así, postrándose sobre el rostro, adorará a Dios, declarando que verdaderamente Dios está entre vosotros."* (1 Corintios 14:22-25)

Aquí recordemos que profetizar se refiere a proclamar o predicar la palabra del Señor Jesucristo, que edifica, exhorta y consuela a su iglesia. Y que por medio de ella también se convence a los incrédulos para su conversión dándoles entendimiento. (1 Corintios 14:14) en ningún culto de adoración debemos quedar sin entendimiento. Para ello, se necesitan siervos del señor que tengan claro el mensaje de Jesucristo.

## 1. Oficio sin mensaje.

Seguramente has escuchado hablar bastante sobre la unción como sinónimo de poder, para realizar grandes proezas, tal vez ahora mismo te encuentras orando para recibir más unción (poder). Quizá tienes algún mentor que según tu apreciación se mueve en la unción del Espíritu Santo y te está enseñando lo que tienes que hacer para recibir más unción como él. Pues, lamento decirte que la unción no se recibe por méritos propios, ni formulas, la unción es el oficio al que el Señor Jesucristo ha llamado a cada uno de sus siervos.

La palabra unción en el hebreo es "Mashaj"[20] que se utilizaba para designar cuando el aceite consagrado era derramado sobre algo, un lugar o personas, con el fin de consagrarle para Dios. Por ejemplo: cuando Jacob ungió la piedra; cuando Moisés ungió el tabernáculo, también ungió a Aarón y sus hijos con el

---

[20] Diccionario Strong, s.v. "unción".

propósito de consagrarlos para Dios. Todo lo que era ungido en este sentido religioso tenía la finalidad de apartar y dedicar aquello o aquellos para algo especial.

En el caso de las personas eran ungidas para darles un oficio especial, unos para sacerdotes, otros para ser reyes y otros para ser profetas. Así, cada uno era apartado para realizar una tarea específica y con un don especial, por ejemplo, en el profeta quedaba consagrada su boca para anunciar los mandamientos de Dios y todo lo que el señor le mandara.

Hoy en día muchos tienen don de videncia, de sanidades, de milagros, de fe, profecía (predicación), etc. Cada uno fue llamado con una unción especial. No quiere decir que no pueda con el tiempo tener más dones, pero el Señor le ha dado un oficio, lo apartó para una misión única y diferente de los demás. Los dones son las cualidades que Dios le ha dado para desempeñar en el reino de Dios.

Así es, que no debemos pensar que aquellos que son usados en el don de videncia, milagros, sanidades, etc. Son más consagrados o hicieron algo diferente que los demás, simple y sencillamente el Señor les dio algo diferente a cada uno, para desempeñar el oficio que les ha mandado, ya sea de profeta, evangelista, pastor, maestro, etc.

Ahora bien, hubo personas que aunque fueron ungidos para un oficio y dotados con los dones del Espíritu Santo, fallaron en sus misiones. Por poner algunos ejemplos, tenemos al mismo rey Saúl, que aunque ungido rey, no obedeció la voluntad de Dios y fue desechado. Reyes que hicieron lo malo ante los ojos de Jehová, por cuanto rechazaron el mensaje de Dios (1 Reyes 16:25-26; 30-31). Profetas como Elías que teniendo miedo deseaban morir y se escondieron. Y algunos sacerdotes como los hijos de Aarón cuando ofrecieron fuego extraño (Levítico 10:1-3).

Nos damos cuenta que la unción o el oficio de revelar cosas ocultas, de sanar enfermos, de echar fuera demonios, etc. No garantizan que una persona esté siendo guiada por el Espíritu Santo. Jesús dijo: por sus frutos los conoceréis, es decir, el que hace su voluntad. *"No todo el que me dice: Señor, Señor, entrara en el reino de los cielos, sino el que hace la voluntad de mi padre que está en los cielos. Muchos me dirán en aquel día: Señor, Señor, ¿no profetizamos en tu nombre, y en tu nombre echamos fuera demonios, y en tu nombre hicimos muchos milagros? Y entonces les declararé: Nunca os conocí; apartaos de mí, hacedores de maldad."* (Mateo 7:21-23)

Debemos tener cuidado hoy en día, ya que tenemos muchos con oficio de profeta, evangelista, pastor, etc. Que no tienen la dirección del Espíritu Santo, por cuanto no tienen el mensaje. Es decir, tenemos muchos ungidos sin el Espíritu Santo. Necesitamos predicadores en un mover genuino del Señor, donde el Espíritu diga: "así dice la escritura". Y donde la escritura diga: "así dice el Espíritu Santo". Recordemos que el libro del Espíritu Santo es la Biblia.

En el Nuevo Testamento nos encontramos nuevamente con la palabra "unción" en 1 Juan 2:20,27. Donde algunos gnósticos habían salido de la congregación porque sentían que poseían un conocimiento superior, que en realidad era un conocimiento que negaba a Cristo como había sido presentado por los apóstoles y profetas.

Aquí la palabra unción en el griego "jrisma o crisma"[21] significa "ungüento" como ya mencionamos anteriormente la unción tenía que ver con el oficio que el Señor les daba a sus siervos y les capacitaba con su Espíritu. Ahora, esta unción ha tomado un

---

[21] Diccionario Strong, s.v. "unción".

valor simbólico del Espíritu Santo operando en el creyente para conocerle, a través de las escrituras.

Juan enseña a los creyentes a tener ánimo y que por ningún motivo se sientan menospreciados por los que presumían tener un conocimiento revelado únicamente para ellos. Pues el Señor les había concedido a los creyentes fieles la unción, es decir, su Espíritu Santo para capacitarlos en la verdad y guiarlos a ella (Juan 14:16-17, 26; 16:8,13; Hechos 1:4-5, 8).

Así que la unción nos guía a las escrituras, a permanecer en la verdad, el Señor nos recuerda todo lo que nos ha mandado y al mismo tiempo su Espíritu Santo nos impulsa a predicar esta gran verdad, este hermoso evangelio para salvación (Romanos 1:16). El profeta o creyente que predique todo el evangelio y lo vive, tiene la unción del Santo.

Hay quienes predican solo un tema del evangelio, pero la Biblia dice que el Espíritu Santo nos enseñaría "todas" las cosas y nos recordaría "todo" lo que él ha dicho. Un verdadero profeta recuerda "toda" la escritura, porque toda ella tiene la finalidad de perfeccionar al hombre de Dios, preparándolo para toda buena obra (2 Timoteo 3:16-17).

## 2. Solo hay un mensaje infalible.

*El profeta de Judá y un viejo profeta* (leer 1 Reyes 13). Este relato Bíblico ilustra perfectamente lo que deseamos dejar claro en la concepción de los creyentes sobre los profetas sin mensaje. La Biblia nos muestra en 1 Reyes capítulo 13, sobre el profeta de Judá que vino al rey Jeroboam a reprenderlo de parte de Dios por un altar que había edificado para perdición de Israel en la idolatría (1 Reyes 12:28).

El rey después de darse cuenta que en verdad Dios lo había enviado lo invito a quedarse a comer y le ofreció un presente, sin embargo, Jehová le había dado mandamiento al profeta de no probar ningún alimento en ese lugar y regresarse por otro camino. Cuando un viejo profeta escuchó lo que había pasado, quiso conocer al profeta de Judá y hallándole debajo de una encina le invitó a su casa a comer, pero el profeta de Judá le dijo las mismas palabras que al rey. Fue entonces, que el viejo profeta mintiéndole le dijo que él también era profeta y que un ángel del Señor le había dado el mensaje que lo hiciera volver y comiera en su casa.

El profeta de Judá aceptó la invitación y cuando estaban comiendo vino palabra de Jehová al viejo profeta diciendo contra el profeta de Judá: *"Así dijo Jehová: Por cuanto has sido rebelde al mandato de Jehová, y no guardaste el mandamiento que Jehová tu Dios te había prescrito, sino que volviste, y comiste pan y bebiste agua en el lugar donde Jehová te había dicho que no comieses pan ni bebieses agua, no entrará tu cuerpo en el sepulcro de tus padres." (Vv. 22-23).* Cuando el profeta de Judá retomó su camino le mató un león.

Lo que podemos aprender de este relato Bíblico es que "no debemos creer a todo aquel que diga: Dios me ha hablado y mucho menos cuando este mensaje contradice el mandato de la palabra de Dios". Tenemos la palabra profética más segura (las escrituras) a la cual hacemos bien en estar atentos y obedecer sus mandamientos (2 Pedro 1:19-21), aunque aparezcan falsos profetas diciendo que ya Dios cambió de opinión. No creamos a todo espíritu, es necesario escudriñar las profecías en el filtro de las escrituras (1 Juan 4:1).

La Biblia es el mensaje revelado por Dios para todos nosotros, es la palabra inefable, no cambia, sino, que a través de ella vemos el progreso y proceso del cumplimiento de todas las cosas hasta Jesús, quien nos ha revelado todos los misterios en su evangelio (colosenses 1:26-27). El evangelio de Jesucristo es el mensaje por excelencia, que debe ser predicado en todo el mundo. *"y será predicado este evangelio del reino en todo el mundo, para testimonio a todas las naciones; y entonces vendrá el fin." (Mateo 24:14).* No habrá un cambio de evangelio, sino que será predicado "este" evangelio hasta el fin del mundo.

Actualmente muchas personas para consultar la voluntad de Dios buscan un vidente o profeta, para cerciorarse que están en el camino correcto, sin embargo, en las escrituras tenemos los mandamientos, los cuales nadie debe cambiar. Recordemos que el viejo profeta no tuvo temor de mentir, aunque si tenía el don de la profecía también era un mentiroso. Por eso, a veces cuesta más trabajo creer que alguien que alguna vez me dijo algo real de parte de Dios, ahora, pudiera estar mintiendo, bueno, este pasaje nos aclara que debemos ser cautelosos.

¿Por qué el viejo profeta no fue castigado? ¿Seguirá mintiendo a otros? La respuesta es que, a muchos falsos profetas el Señor les permite estar ahí para probar a su pueblo, para ver cuánto aman sus mandamientos (Deuteronomio 13:1-5; Juan 14:15). En cierta ocasión el predicador Paul Washer dijo lo siguiente: *"los falsos profetas son el juicio de Dios para los que creen en ellos, porque ellos solo hablan lo que sus corazones quieren escuchar."* Pablo dijo:

*"Estoy maravillado de que tan pronto os hayáis alejado del que os llamó por la gracia de Cristo, para seguir un evangelio diferente. No que haya otro, sino que hay algunos que os perturban y quieren pervertir el evangelio de Cristo. Más si aún nosotros, o un ángel del cielo, os anunciare otro evangelio diferente del que os hemos anunciado, sea anatema. Como antes hemos dicho, también ahora lo repito: Si alguno os predica diferente evangelio del que habéis recibido, sea anatema. Pues, ¿busco ahora el favor de los hombres, o el de Dios? ¿O trato de agradar a los hombres? Pues si todavía agradara a los hombres, no sería siervo de Cristo." (Gálatas 1:6-10).*

No nos alejemos de la gracia de Dios por seguir un evangelio diferente del que tenemos en las escrituras, este es el mensaje verdadero, si alguien no se sujeta a esto, no tiene el mensaje de Cristo. *"Si alguno enseña otra cosa, y no se conforma a las sanas palabras de nuestro Señor Jesucristo, y a la doctrina que es conforme a la piedad, está envanecido, nada sabe, y delira acerca de cuestiones y contiendas de palabras, de las cuales nacen envidias, pleitos, blasfemias, malas sospechas, disputas necias de hombres corruptos de entendimiento y privados de la verdad, que toman la piedad como fuente de ganancia; apártate de los tales." (1 Timoteo 6:3-5).*

Los creyentes debemos conformarnos a lo que está escrito en la Biblia, a las enseñanzas de nuestro Señor Jesucristo, y no creer algo que este fuera de contexto Bíblico. Es el mensaje que tenemos que cumplir, no nos vaya a pasar como el profeta de Judá, que fácilmente se apartó del mandato de Dios, por una mentira, el profeta de Judá siempre estuvo tentado a desobedecer por sus necesidades fisiológicas (tenía hambre y sed), se mantuvo firme en el mandato de Jehová, hasta que le profetizaron. Muchas veces no es que nos engañen, sino, que solo creemos lo que queremos oír, es decir, simplemente nos acomodamos a nuestras conveniencias.

No accedió a la invitación del rey, no accedió a la invitación del viejo profeta, pero cuando le dijo: un ángel del Señor me habló, ahí todo cambió. Tengamos mucho cuidado con esto. Permanezcamos en el mensaje del evangelio, si la profecía no contradice sus mandamientos, puede ser del Señor. Seguiremos tratando de discernir con la palabra de Dios, más acerca de este tema, en capítulos posteriores.

# Capítulo 2

# Un hombre inspirado

*El Profeta que enseña conforme a las escrituras "Toda la escritura es inspirada por Dios, y útil para enseñar, para redargüir, para corregir, para instruir en justicia, a fin de que el hombre de Dios sea perfecto, enteramente preparado para toda buena obra." (2 Timoteo 3:16-17). Este siervo entiende que no se trata de él o los demás, sino, de lo que el Señor quiere que proclamemos y hagamos.*

*La inspiración de estos verdaderos profetas está basada en las escrituras para agradar a Dios, por lo tanto, buscan estar seguros de lo que hablan a través del estudio Bíblico, donde encuentran la revelación de la voluntad de nuestro Señor Jesucristo (1 Pedro 1:10-12).*

# Un hombre Inspirado

*La raíz primaria; es la palabra hebrea "naba" que significa: "profetizar", hablar (o cantar) por inspiración (en predicción o simple discurso):- profetizar. Por lo tanto, profetizar es la acción del profeta y es de ahí que se deriva la palabra hebrea "nabí" (profeta) que significa generalmente "<u>hombre inspirado</u>".[22] Diccionario Strong*

Como hemos podido contemplar el profeta habla por "inspiración" este es para muchos teólogos el rasgo característico de un profeta, alguien que habla inspirado, movido por el Espíritu Santo. El verbo griego que Pedro utiliza en su segunda carta para decir: *los Santos hombres de Dios hablaron "siendo inspirados" por el Espíritu Santo* es el vocablo griego "feromenoi"[23], verbo que también se utiliza para señalar como un barco de vela era "llevado o impulsado por el viento"[24] a donde el viento quería. Así que un hombre que profetiza es un hombre "inspirado" dirigido por el Espíritu Santo. No todos tienen este llamado o inspiración para proclamar el mensaje de Jesucristo.

El espíritu santo causa esta inspiración a través de la revelación o el mensaje que ha comunicado a su siervo (el profeta), como lo explicaremos a continuación.

## I. La revelación y la profecía de Dios.

Existen dos cosas fundamentales en la vida de un profeta, y estas son: la "revelación" y la "profecía". Muchos confunden los

---

[22] Diccionario Strong, s.v. "profeta".
[23] Diccionario Strong, s.v. "inspirado".
[24] Eleuterio Uribe V. Introducción a la Biblia (Culiacán, Sin. IAFCJ, 2000) 8

---

términos y creen que es lo mismo. Sin embargo, la revelación es aquella que primero recibe el profeta, lo que Dios ha hablado a su oído, que no se lo ha comunicado a nadie, solo el profeta conoce lo que el Señor le ha mostrado. Según Robert Cate en su libro "Teología del Antiguo Testamento" el verbo "revelar" se entiende en el antiguo testamento como "descubrir",[25] como una cortina que es recorrida para mostrar lo que hay detrás.

*"porque no hará nada Jehová el señor, <u>sin que **revele** su secreto a sus siervos los profetas</u>. Si el león ruge, ¿Quién no temerá? Si habla Jehová el señor, ¿Quién no profetizará?" (Amos 3:7,8)*

La revelación de su "secreto", Cate lo describe como "sus propósitos, sus planes". Siempre que el Señor desea hablar o actuar lo descubre a sus siervos los profetas en primer lugar, para que posteriormente ellos puedan expresarlo (profetizarlo) inspirados al pueblo. Es aquí donde se hace la gran diferencia y comprendemos que un profeta es aquel que habla (profetiza) "inspirado" por la "revelación" que ha recibido.

Es por ello que quien profetiza está inspirado en una revelación, podríamos dejarlo de la siguiente manera: cuando Dios revela sus secretos a su siervo, él se siente inspirado para profetizar (hablar) lo que el Señor le ha mostrado. Como una persona que ha descubierto algo muy valioso y ya quiere contarlo a los demás.

Concluimos diciendo que la "revelación" es aquella que el profeta recibe directamente de Dios, mientras que la "profecía" es cuando el profeta lo anuncia a una persona o al pueblo. La "inspiración" es el efecto bajo el cual ha quedado el profeta cuando Dios le descubre sus secretos, como lo decía el profeta Elías: *"vive Jehová, en cuya presencia estoy" (1 Reyes 17:1).*

---

[25] Robert L. Cate, **Teología del Antiguo Testamento** (El Paso, TX: Casa Bautista, 2004) 26.

# A) La revelación e inspiración del hombre.

*No todo el que me dice: Señor, Señor, entrará en el reino de los cielos, sino el que hace la voluntad de mi Padre que está en los cielos. Muchos me dirán en aquel día: Señor, Señor, ¿no profetizamos en tu nombre, y en tu nombre echamos fuera demonios, y en tu nombre hicimos muchos milagros? Y entonces les declararé: <u>Nunca os conocí; apartaos de mí, hacedores de maldad.</u> (Mateo 7:21-23)*

Debemos de tener mucho cuidado con lo que percibimos como revelación, ya que esta pudiera no ser de Dios, es fácil comprenderla cuando conocemos las escrituras, pues, si lo que se nos ha mostrado no contradice la Biblia, por el contrario sigue sus principios espirituales es muy probable que sea el Señor.

Pero cuantas veces hemos escuchado desde los púlpitos frases manipuladoras, textos bíblicos fuera de contextos, predicciones que no tienen sentido, profecías que no tienen un rasgo de certeza o credibilidad, etc. Muchas veces inspirados no en la revelación de Dios, sino en una concepción errónea de la percepción de la revelación del Espíritu Santo (basados en su propia opinión).

Estoy seguro que muchos de los falsos profetas que el Señor desconocerá aquel día, ni siquiera saben que están reprobados. Muchos han caído en el error de las influencias del neo pentecostalismo, se van apartando de las escrituras y sin darse cuenta ya están hablando en los púlpitos sus propios razonamientos acerca de Dios y no conforme a las enseñanzas de Jesús.

Están como los que iban de camino a "Emaús" que por desconocer las escrituras iban por el camino opuesto de donde deberían estar (Lucas 24:13-17). Espero que como a ellos, el Señor les ilumine el entendimiento con su palabra y se vuelvan al camino que lleva a la salvación; y puedan testificar que sus ojos fueron aclarados, juntamente con su entendimiento (Lucas 24:27,30-35).

Por otro lado hay quienes deliberadamente mienten, manipulan, se aprovechan de la ignorancia de muchas personas para obtener sus propios beneficios, pues, han caído en el error de Balaam (Judas 10-11), codiciando ganancias deshonestas, por fama, riqueza, poder, etc. (2 Timoteo 3:1-5). Otros para sentirse alguien y poder influenciar sobre las personas venden su alma a satanás, abandonando el camino, y la verdad y la vida (Juan 14:6).

## B) Tres tipos de profetas.

Existen a mi parecer tres tipos de profetas, dos falsos y uno verdadero, en el que cada uno tiene su propia revelación acerca de lo que deben enseñar a las personas:

## 1. Los que hablan para agradarse a sí mismos.

El que enseña conforme a su propia concupiscencia, conforme a sus propios deseos y anhelos que no están fundados en la palabra de Dios. Aquellos que están enfermos y su entendimiento se ha cegado, que hablan inspirados en sus conveniencias personales, predican inspirados en su ego, envidia, celo, ira, resentimiento, etc. Están perdidos, su ceguera los ha extraviado, no pueden ver el camino correcto.

*"respondiendo el, les dijo: ¿Por qué también vosotros quebrantáis el mandamiento de Dios por vuestra tradición? Porque Dios mando diciendo: Honra a tu padre y a tu madre; y: El que maldiga al padre o a la madre,*

*muera irremisible mente. Pero vosotros decís: Cualquiera que diga a su padre o a su madre: es mi ofrenda a Dios todo aquello con que pudiera ayudarte. Ya no ha de honrar a su padre y a su madre. Así habéis invalidado el mandamiento de Dios por vuestra tradición. Hipócritas, bien profetizó de vosotros Isaías, cuando dijo: Este pueblo de labios me honra; Mas su corazón está lejos de mí. Pues en vano me honran, Enseñando como doctrinas, mandamientos de hombres." (Mateo 15:3-9)*

Buscan escusas para no cumplir con los mandamientos del Señor, todo aquello con que podían ayudar a sus padres se lo ofrecían a Dios, y ya no hacían nada para honrarlos, cuando deberían hacer las dos cosas "Y les dijo: Dad, pues, a César lo que es de César, y a Dios lo que es de Dios" (Mateo 22:21; Éxodo 20:12). Pero así es el hombre que se ama así mismo, enseña a su conveniencia quebrantando el mandamiento de Dios por sus costumbres o ideas y así enseñan a los hombres arrastrándolos a la misma condenación que ellos (Mateo 15:14; 23:15).

Estos versículos muestran como los hombres amadores de sí mismos (2 Timoteo 3:1-2) son inspirados para enseñar cuando creen haber recibido una revelación o algún tipo de enseñanza que va en contra de los mandamientos del Señor Jesucristo. Últimamente he escuchado a algunos predicadores expresarse fatal de pastores o líderes (autoridades), inspirados en sus resentimientos, llamándoles abusivos, rateros, ignorantes, endemoniados, etc. Y los que están enfermos igual que ellos les siguen. ¡Ciegos, guías de ciegos!

*"entonces acercándose sus discípulos, le dijeron: ¿sabes que los fariseos se ofendieron cuando oyeron esta palabra? Pero respondiendo él, dijo: Toda planta que no planto mi padre celestial, será desarraigada. Dejadlos; son ciegos guías de ciegos; y si el ciego guiare al ciego, ambos caerán en el hoyo." (Mateo 15:12-14)*

No tienen temor de Dios, de la unción que el Señor ha puesto sobre ellos. David nos enseña a respetar a los ungidos de Dios y dar lugar a su justicia (1 Samuel 26:23), Pablo también nos dice que está escrito "no maldecirás a un príncipe de tu casa" (Hechos 23:2-5). Sin embargo, muchos ofenden a las autoridades puestas por Dios sin ningún respeto o temor del Señor. *"Obedezcan a sus líderes, porque ellos cuidan de ustedes sin descanso, y saben que son responsables ante Dios de lo que a ustedes les pase. Traten de no causar problemas, para que el trabajo que ellos hacen sea agradable y ustedes puedan servirles de ayuda." (Hebreos 13:17).BLS*

Sicre menciona a aquellos que todavía pretenden ofrecerle a Dios sacrificios, y se esfuerzan por cumplir cosas que el Señor ya no está pidiendo. Los judíos prefirieron los sacrificios del Antiguo Testamento, que amar a sus enemigos. Otros en la actualidad, pretenden ofrecerle a Dios costumbres y tradiciones, para omitir su responsabilidad de hacer la voluntad de Dios.[26] Ya que buscan cumplir con acciones de su agrado, pero no lo que Dios está pidiendo como perdonar, sinceridad, amar a los enemigos, humildad, etc.

## 2. Los que buscan agradar a los demás.

Los que hablan lo que la gente quiere oír y no lo que la gente necesita oír (la palabra de Dios). Estos falsos profetas o

---

[26] En primer lugar, los escritos neotestamentarios admiten sin lugar a duda que hay algo mucho más importante que el culto sacrificial de los antiguos israelitas: la voluntad de Dios. Así lo afirma claramente el evangelio de Mateo al poner en boca de Jesús la famosa frase de Oseas, "misericordia quiero y no sacrificio" (Mt. 9,13 y 12,7). De hecho el autor de la Carta a los Hebreos, comentando el Sal 40,7-9 escribe: primero dice: "sacrificios y ofrenda, holocaustos y victimas expiatorias no los quieres ni te agradan"… y después añade: "aquí estoy para cumplir tu voluntad". Deroga lo primero para establecer lo segundo. Por esa voluntad hemos sido consagrados, mediante la ofrenda de cuerpo de Jesús, el Mesías, única y definitivamente (Heb 10,8-10). José Luis Sicre, **Profetismo en Israel** (Avda. Pamplona: Editorial Verbo Divino, 1998) 439.

predicadores saben que la adulación es necesaria para la manipulación de las masas, el hablar repetidas veces cierto cliché que a la gente le gusta escuchar como sinónimo de poder o de la presencia de Dios.

*"que prediques la palabra; que instes a tiempo y fuera de tiempo; redarguye, reprende, exhorta con toda paciencia y doctrina. Porque vendrá tiempo cuando no sufrirán la sana doctrina, sino que teniendo comezón de oír, se amontonarán maestros conforme a sus propias concupiscencias, y apartarán de la verdad el oído y se volverán a las fábulas. Pero tú sé sobrio en todo, soporta las aflicciones, haz obra de evangelista, cumple tu ministerio. (2 Timoteo 4:2-5)*

Este pasaje bíblico nos deja ver que la principal misión de un ministro, evangelista, pastor o profeta es enseñar la sana doctrina, aunque muchos no la quieran sufrir. Hay maestros que por obtener audiencia hacen a un lado las enseñanzas de nuestro Señor Jesucristo para dar paso a herejías u otros tipos de cultos, donde seguramente la doctrina no se sufre, dando lugar al libertinaje, emocionalismo, inmoralidad, egocentrismo, etc.), dando paso a falsos cultos.

La gente que confía en ellos es responsable de creer lo que ellos enseñan. Repetimos lo que dijo Paul Wecher: *"Los falsos profetas son el juicio de Dios para los que creen en ellos, porque ellos solamente dicen lo que sus corazones quieren oír."* Ya que las personas tienen comezón de oír, pero no la sana doctrina, sino todo tipo de superstición y misticismo inmoderado, dando lugar a un desorden basado en la emoción de escuchar lo que esperaban y no la palabra de Dios que nos confronta para hacernos crecer espiritual, emocional y moralmente como hijos del Señor (Efesios 4:11-15).

La inspiración de los falsos profetas es agradar el oído para ganar adeptos y poder obtener ganancias deshonestas. *"y muchos seguirán sus disoluciones, por causa de los cuales el camino de la verdad será blasfemado, y por avaricia harán mercadería de vosotros con palabras fingidas. Sobre los tales ya de largo tiempo la condenación no se tarda, y su perdición no se duerme." (2 Pedro 2:2-3).*

Como fue el caso del rey Saúl, quien prefirió agradar en todo al pueblo y termino desagradando al Señor. Aunque fue reprendido por el profeta Samuel, no pidió perdón, más bien pidió ser honrado delante de los hombres, no le importo ser reprobado por Dios, mientras el pueblo lo siguiera llamando rey. Así ha muchos no les interesa desobedecer la voz de Dios, mientras las congregaciones les sigan llamando profetas.

Un espíritu malo comenzó a atormentar a Saúl, así es la vida del hombre que se olvida de agradar a Dios para agradar a los hombres. *"Entonces Samuel le dijo: Jehová ha rasgado hoy de ti el reino de Israel, y lo ha dado aún prójimo tuyo mejor que tu... y él dijo: yo he pecado; pero te ruego que me honres delante de los ancianos de mi pueblo y delante de Israel, y vuelvas conmigo para que adore a Jehová tu Dios." (1 Samuel 15:28,30).*

Así hay muchos falsos profetas, que prefieren ser reprobados por Dios a sentir el rechazo de sus seguidores. Parece increíble, porque muchos de nosotros no seríamos capaces de cambiar la gloria de Dios, por la gloria de los hombres, pero hay quienes sin dudarlo, lo harían. *"El que habla por su propia cuenta, su propia gloria busca; pero el que busca la gloria del que le envió, éste es verdadero, y no hay en él injusticia." (Juan 7:18).*

## 3. Los que buscan agradar a Dios.

El que enseña conforme a las escrituras *"Toda la escritura es inspirada por Dios, y útil para enseñar, para redargüir, para corregir, para instruir en justicia, a fin de que el hombre de Dios sea perfecto, enteramente preparado para toda buena obra." (2 Timoteo 3:16-17).* Este siervo entiende que no se trata de él o los demás, sino, de lo que el Señor quiere que proclamemos y hagamos.

La inspiración de estos verdaderos profetas está basada en las escrituras para agradar a Dios, por lo tanto, buscan estar seguros de lo que hablan a través del estudio Bíblico, donde encuentran la revelación de la voluntad de nuestro Señor Jesucristo (1 Pedro 1:10-12).

Tenemos el ejemplo del apóstol pablo cuando dice: *"Pues, ¿busco ahora el favor de los hombres, o el de Dios? ¿O trato de agradar a los hombres? Pues si todavía agradara a los hombres, no sería siervo de Cristo. (Gálatas 1:10).*

¿Cómo es que algunos se confunden al leer las escrituras? ¿Porque pensamos tan diferente y no podemos tener esa unidad de pensamiento, cuando la Biblia es tan clara en sus enseñanzas? La respuesta es sencilla, se trata que desde un inicio, la motivación que nos lleva a meditar la palabra de Dios no es la misma. Por ejemplo, algunos leen solo para saber más, otros para humillar a los demás, otros solo están buscando alguna palabra o pasaje que justifique sus actos, etc. El evangelio de San Juan nos dice cuál debe ser la motivación correcta al leer la Biblia:

*"El que quiera hacer la voluntad de Dios, conocerá si la doctrina es de Dios, o si yo hablo por mi propia cuenta." (Juan 7:17).*

En este pasaje Bíblico encontramos dos verbos claves para la revelación de las escrituras o buena comprensión de ellas, y son las palabras "hacer" y "conocer". Para que los siervos del Señor podamos tener un entendimiento claro de la escritura debemos leerla con la motivación correcta y esta motivación debe ser "hacer su voluntad". ¿Por qué leo la Biblia? Porque deseo hacer su voluntad, Jesús promete a quien le busca de esta manera que "conocerá la doctrina de Dios."

Como lo dice el Dr. Bernardo Campos, no solamente al leer podemos percatarnos de su voluntad, sino, que también al escuchar a otros predicadores o profetas discerniremos si su doctrina es de Dios o si habla por su propia cuenta.[27] De esta manera será muy difícil ser engañados (Efesios 4:13-14). La mayoría de las personas como lo dijimos anteriormente son engañadas porque es lo que están buscando, es lo que quieren oír, no están interesados en hacer la voluntad de Dios, sino más bien, desean seguir haciendo su propia voluntad. Están en busca de alguien que enseñe algún argumento sin fundamento para justificar lo que ellos quieren hacer. Pero solo se engañan así mismos (Santiago 4:17).

Pero si permanecemos en la motivación correcta, la cual es hacer su voluntad, conoceremos su doctrina y sabremos siempre que estamos en el camino correcto. Los que buscan agradar a Dios, buscan hacer su voluntad, la cual está escrita en la Biblia, y reciben la revelación correcta (Gálatas 1:11-12).

Estos profetas son hombres temerosos de Dios que desean hacer la voluntad del Señor, cuando Jesús ve este corazón le revela su voluntad, de tal manera que este siervo del Señor al momento de predicar lo hará con entendimiento. No buscará su propio beneficio, sino, que por el contrario sabe sufrir la sana doctrina por amor a Cristo.

---

[27] El concepto "discernimiento" viene de la palabra griega "krino" significa "separar completamente", "seleccionar", "decidir", "juzgar", "evaluar", también "explicar". Diakrisis (discernimiento) en el NT se usa en sentido de "diferenciación" entre espíritus (1 Cor. 12.10) y entre el bien y el mal (Heb 5.14)... El discernimiento es considerado un rasgo de espiritualidad y madurez (1 Co. 2:14-15). El escritor de la epístola a los hebreos explica que las personas maduras "por el uso, tienen los sentidos ejercitados en el discernimiento del bien y del mal". En otras palabras, es una habilidad que uno puede aprender ejercitándola diariamente, pero es un don de Dios. El discernimiento es por el Espíritu, pero se alimenta de la palabra de Dios. Bernardo Campos, **Hermenéutica del Espíritu** (Guadalajara, México: 2018) 61-62.

## C) El mensaje en la vida del profeta.

*"Seis días después, Jesús tomó a Pedro, a Jacobo y a Juan su hermano, y los llevó aparte a un monte alto; y se transfiguró delante de ellos, y resplandeció su rostro como el sol, y sus vestidos se hicieron blancos como la luz. Y he aquí les aparecieron Moisés y Elías, hablando con él. Entonces Pedro dijo a Jesús: Señor, bueno es para nosotros que estemos aquí; si quieres, hagamos aquí tres enramadas: una para ti, otra para Moisés, y otra para Elías. Mientras él aún hablaba, una nube de luz los cubrió; y he aquí una voz desde la nube, que decía: Este es mi Hijo amado, en quien tengo complacencia; a él oíd." (Mateo 17:1-5)*

Este pasaje nos permite observar tres personajes que fueron y son de suma importancia en la revelación de Dios a los hombres y de cómo el mensaje debe operar en la vida de todo cristiano, pero sobre todo del profeta que ha sido llamado por Dios para proclamar el mensaje de Salvación.

## 1. La revelación del mensaje (mandamientos).

Tenemos al profeta Moisés a quien le fue revelada la voluntad de Dios, es decir, sus mandamientos, a través de una relación íntima con su Señor. Moisés pasó cuarenta días en el monte Sinaí escuchando la voz de Dios, donde se les dieron todos los mandamientos para que anduvieran en ellos. Por lo cual, el profeta Moisés al bajar del monte tenía palabra de la voluntad de Dios para dar al pueblo.

Hoy en día muchos van a las congregaciones con la revelación de cosas ocultas de las personas (gloria a Dios por ello), pero sin los mandamientos del Señor. Sin doctrina, sin la voluntad de Dios (Oseas 4:6;). *"Cualquiera que se extravía, y no persevera en la doctrina de Cristo, no tiene a Dios; el que persevera en la doctrina de Cristo, ése sí tiene al Padre y al Hijo. Si alguno viene a vosotros, y no trae esta doctrina, no lo recibáis en casa, ni le digáis: ¡Bienvenido! (2 Juan 1:9-10)*

Por ello todo predicador o profeta debe preocuparse por tener conocimiento del mensaje Bíblico (la doctrina de Cristo). La revelación de cosas ocultas o de acontecimientos futuros es bueno, pero primordialmente la revelación de la voluntad o mandamientos de Dios es esencial en la vida del profeta u hombre inspirado. Y en la cual la iglesia debe meditar y velar por ella, *"para que si tardo, sepas cómo debes conducirte en la casa de Dios, que es la iglesia del Dios viviente, columna y baluarte de la verdad." (1 Timoteo 3:15).*

Alguien que no conoce las escrituras, esta propenso a enseñar algo incorrecto y permitir desavenencias espirituales y/o morales (2 Timoteo 3:13), es importante y necesario que quienes profetizan o predican con inspiración conozcan las escrituras para perfeccionar a los santos. *"Pero persiste tú en lo que has aprendido y te persuadiste, sabiendo de quién has aprendido; y que desde la niñez has sabido las Sagradas Escrituras, las cuales te pueden hacer sabio para la salvación por la fe que es en Cristo Jesús. Toda la Escritura es inspirada por Dios, y útil para enseñar, para redargüir, para corregir, para instruir en justicia, a fin de que el hombre de Dios sea perfecto, enteramente preparado para toda buena obra." (2 Timoteo 3:14-17).*

*"Y él mismo constituyó a unos, apóstoles; a otros, profetas;... a fin de perfeccionar a los santos para la obra del ministerio, para la edificación del cuerpo de Cristo, hasta que todos lleguemos a la unidad de la fe y del conocimiento del Hijo de Dios, a un varón perfecto, a la medida de la estatura de la plenitud de Cristo; para que ya no seamos niños fluctuantes, llevados por doquiera de todo viento de doctrina, por estratagema de hombres que para engañar emplean con astucia las artimañas del error, sino que siguiendo la verdad en amor, crezcamos en todo en aquel que es la cabeza, esto es, Cristo." (Efesios 4:11-15)*

Que importante es que el profeta conozca el mensaje eterno de salvación, que pueda hacer volver el corazón de los hombres a Dios. *"Escudriñad las Escrituras; porque a vosotros os parece que en ellas tenéis la vida eterna; y ellas son las que dan testimonio de mí." (Juan 5:39).* Las escrituras son la fuente de inspiración más grande para enseñar acerca de Cristo y su salvación. Todo profeta debe orar para que le sea revelado el evangelio, pero esto solo llega cuando quien lo pide tiene un corazón limpio y sincero. *"Más os hago saber, hermanos, que el evangelio anunciado por mí, no es según hombre; pues yo ni lo recibí ni lo aprendí de hombre alguno, sino por revelación de Jesucristo."* (Gálatas 1:11-12).

## 2. La predicación del mensaje.

Tenemos a Elías, quien representa al ministerio profético, que se encarga de proclamar o recordar el mensaje de la voluntad de Dios, es decir, los mandamientos. Es de suma importancia que el profeta enseñe a tiempo y fuera de tiempo las escrituras, persuadiendo a las almas para volverse a Cristo y su mensaje (evangelio). Este es el espíritu de Elías, lo podemos ver muy claro en el monte Carmelo al hacer un llamado a una entrega total al Señor, para posteriormente desafiar a los falsos profetas de Baal, con sus falsos dioses (1 Reyes 18:20-24).

Logró que la fe de Israel se activara de nuevo en el único Dios verdadero (1 Reyes 18:37-39), ya que el pueblo mató a los falsos profetas y confesó con su boca "Jehová es Dios", así el pueblo volvió a los primeros tres mandamientos escritos en las tablas de Moisés (Éxodo 20:3-7). Por ello Elías fue amenazado de muerte, por cumplir la voluntad de Dios.

Podemos ver también este mismo espíritu en Juan el Bautista (Lucas 1:13-17), cuando predica en el desierto, acerca del arrepentimiento para el perdón de sus pecados (Mateo 3:1-6), inclusive reprendió a Herodes el tetrarca por tener la mujer de su hermano Felipe (Mateo 14:3-4). Los grandes profetas enseñan lo correcto inspirados por el Espíritu Santo, aunque les cueste la vida como a Juan el Bautista (Mateo 14:8-12). Porque la principal tarea del profeta es <u>conocer</u> el mensaje (los mandamientos de Dios) y el segundo es <u>recordar</u> el mensaje revelado para hacer volver el corazón del pueblo a Dios.

Es prácticamente imposible recordar un mensaje sin conocerlo, debemos estar atentos a las escrituras para conocer la voluntad de Dios y de esta manera poder anunciar lo que Cristo nos enseña en su palabra (la Biblia). El mensaje revelado a Moisés fue predicado por Elías y todos los verdaderos profetas; invitando al pueblo a volverse a su Dios.

Hoy todo verdadero profeta debe tener en su boca el mensaje de Jesucristo para predicarlo en todo tiempo, a todas las personas, sobre todo al pueblo que se extravía del camino al olvidar la voluntad de Dios (su evangelio).

El espíritu de Elías es recordar el mensaje de salvación al pueblo, es decir, su iglesia, para que se vuelvan al único Dios verdadero. ¿Cómo podemos volvernos a Cristo? Volviendo al mensaje de salvación. *"E ira delante de el con el espíritu y el poder de Elías, para hacer <u>volver</u> los corazones de los padres a los hijos, y de los rebeldes a la prudencia de los justos, <u>para preparar al señor un pueblo bien dispuesto.</u>" (Lucas 1:17).*

## 3. La encarnación del mensaje (vivirlo).

Tenemos a Jesús quien encarna el mensaje, es decir, quien práctica o vive conforme a la palabra de Dios. *"en el principio era el verbo, y el verbo era con Dios, y el verbo era Dios... y aquel verbo fue hecho carne, y habito entre nosotros (y vimos su gloria, gloria como del unigénito del padre) lleno de gracia y de verdad." (Juan 1:1,14).*

*"Porque he descendido del cielo, no para <u>hacer</u> mi voluntad, sino la voluntad del que me envió." (Juan 6:38).* Hacer la voluntad de Dios es la acción que todo profeta debe estar dispuesto a realizar. Vivir bajo la voluntad de Dios escrita en la Biblia nos advierte que el Espíritu Santo nos moverá como él quiere y no como nosotros deseamos o pensamos.

*"Pero este es el pacto que haré con la casa de Israel después de aquellos días, dice Jehová: Daré mi ley en su mente, y la escribiré en su corazón; y yo seré a ellos por Dios, y ellos me serán por pueblo. (Jeremías 31:33)*

Como siervos del Señor los profetas deben tener el mensaje de Dios en su mente y corazón, para practicarlo como devoción a Dios todos los días. Estoy seguro que los principios Bíblicos también se viven en el cielo, el mensaje escrito no debe practicarse como una prueba de fidelidad a Dios únicamente para ser salvos, sino que debemos amar sus mandamientos, ya que estos los seguiremos practicando en el cielo como norma eterna. *"Si me amáis, guardad mis mandamientos. (Juan 14:15).*

Si vivimos conforme a la voluntad de Dios estamos calificados para estar en el cielo, para vivir por la eternidad con el Señor Jesucristo. *"Y el mundo pasa, y sus deseos; pero el que hace la voluntad de Dios permanece para siempre. (1 Juan 2:17).* Debemos estar calificados para ser profetas de Cristo, ya que debemos saber cómo edificarnos, pues el hacer la voluntad de Dios nos da autoridad moral y espiritual para hablar las palabras del Señor y permanecer firmes en ella.[28]

*"Cualquiera, pues, que me oye estas palabras, y las hace, le compararé a un hombre prudente, que edificó su casa sobre la roca. Descendió lluvia, y vinieron ríos, y soplaron vientos, y golpearon contra aquella casa; y no cayó, porque estaba fundada sobre la roca. Pero cualquiera que me oye estas palabras y no las hace, le compararé a un hombre insensato, que edificó su casa sobre la arena; y descendió lluvia, y vinieron ríos, y soplaron vientos, y dieron con ímpetu contra aquella casa; y cayó, y fue grande su ruina. Y cuando terminó Jesús estas palabras, la gente se admiraba de su doctrina."* *(Mateo 7:24-28)*

No es solamente escuchar las enseñanzas de Cristo, es obedecerlas, ya que esto nos permite construir un ministerio profético que se mantiene ante las adversidades, pues, está bien parado sobre el fundamento correcto de las escrituras (Santiago 1:22,25). De otra manera cualquier viento de prueba o doctrina destruirá anímica y espiritualmente su fe, pero el que está practicando la voluntad de Dios, permanece para siempre (1 Juan 2:17), pues el Señor lo sostiene.

Todo profeta debe conocer los mandamientos del Señor, debe enseñarlos, pero sobre todo practicarlos, pues, el testimonio es una predicación constante del siervo de Dios. *"Vosotros sois la luz del mundo; una ciudad asentada sobre un monte no se puede esconder. Ni se enciende una luz y se pone debajo de un almud, sino sobre el candelero, y alumbra a todos los que están en casa. Así alumbre vuestra luz delante de*

---

[28] Muestra la verdad. La credibilidad precede a la gran comunicación. Hay dos formas de transmitir credibilidad a tu audiencia. Primero, cree en lo que dices. Personas comunes se convierten en comunicadores extraordinarios cuando son fervientes en sus convicciones... Segundo, vive lo que dices. No hay mayor credibilidad que la convicción en acción. John C. Maxwell, **Las 21 cualidades indispensables de un líder** (Nashville, EE.UU: Caribe-Betania, 2000), 24.

*los hombres, para que vean vuestras buenas obras, y glorifiquen a vuestro Padre que está en los cielos." (Mateo 5:14-16)*

# Capítulo 3
# El ministerio profético

*Más que nunca necesitamos verdaderos profetas que se inspiren en las escrituras para predicar las palabras del Señor Jesucristo y que no mueran o se olviden. Tampoco debemos conformarnos con recordar solo una parte, pues el evangelio no debe ser mutilado, ni poner cargas de más para imponer ritos o costumbres que el Señor no mando. Sino únicamente lo que el Señor nos muestra en su palabra fiel (la Biblia).*

*A todos los que escuchen el mensaje de esta profecía, les advierto esto: si alguien le añade algo a este libro, Dios lo castigará con todas las plagas terribles que están descritas en el libro. Y si alguien le quita algo al mensaje de esta profecía, Dios no lo dejará tomar su parte del fruto del árbol que da vida, ni lo dejará vivir en la ciudad santa, como se ha dicho en este libro. (Apocalipsis 22:18-19)*

# El Ministerio Profético

*H. H. Rowley ("Elijah on Mount Carmel") "hábilmente resume la relación entre los ministerios de Moisés y Elías:* **"Sin Moisés la religión de Jehová como figuraba en el AT nunca hubiera existido. Sin Elías habría muerto."**[29]

Tal vez suena exagerado lo que leímos aquí arriba, sabemos que Dios puede levantar hijos a Abraham de las piedras (Mateo 3:9), cuanto más otro Moisés u otro Elías. Sin embargo, nos ilustra con mayor claridad en que consiste el "ministerio profético". Pues, habiendo recibido Moisés la revelación de la voluntad de Dios, es decir "el decálogo" (los diez mandamientos), que hasta entonces era la norma de conducta que el pueblo debía obedecer (hasta Cristo), era de suma importancia que no se olvidaran. Para ello Dios estableció el ministerio profético.

Era relevante que después de la muerte de Moisés, el pueblo recordara los mandamientos, en esto consiste el ministerio profético en "no permitir que muera la voluntad (la ley) revelada del Señor". Elías representa a todos los profetas que fielmente buscaron devolver el corazón del pueblo a estos mandamientos, su misión era, pues, que Israel volviera a la norma de conducta revelada a Moisés en el monte Sinaí.

---

[29] Wenham G. J. "et al". **Comentario Siglo XXI** (S.I. Editorial Mundo Hispano, 2003)

# I. El ministerio profético en el Antiguo Testamento.

Moisés recibió la revelación de la voluntad de Dios a ojos de todo el pueblo en el monte Sinaí, con todas las teofanías manifestadas que no dejaron duda que era el Todopoderoso el que hablaba con él (Éxodo 20:18-22), para que el pueblo viviera agradando al Señor. Solo Moisés fue el Profeta que recibió la revelación especial de la voluntad o mandamientos de Dios y con el cual el Señor hablo cara a cara.

No hubo después de Moisés en todo el Antiguo Testamento otro profeta a quien se le revelara alguna nueva voluntad (**la ley**) de parte de Dios, pues lo que Moisés recibió fue únicamente a él (hasta Cristo). Los profetas posteriores meditaban y vivían en esta revelación escrita (los mandamientos del Señor), ellos recibieron revelación de acontecimientos futuros, pecados ocultos de personas o toda una nación, propósitos de Dios para su pueblo, etc. Pero nadie más de los profetas recibió como revelación un mandamiento nuevo en todo el Antiguo Testamento.

Es así que los profetas posteriores se levantaron en el poder de Dios para hacer volver el corazón del pueblo a la voluntad del Señor. Con las maravillas que el Todopoderoso hacía para testimonio al pueblo, con las revelaciones de los pecados ocultos o denunciando los pecados palpables que infringían la voluntad revelada de Dios, o las predicciones que se cumplían, etc. Esto con el propósito de convencer al pueblo que Dios estaba presente y su temor estuviera delante de ellos, deseando que el pueblo se reconciliara con él al volver a su voluntad o mandamientos (Éxodo 20:2-5; Jeremías 44:4).

El ministerio profético surge precisamente en un Israel apartado del temor de Dios, por cuanto se olvidaron de los mandamientos revelados a Moisés; es decir, abandonaron la ley de Dios estableciendo su propia voluntad y adoptando otros dioses y practicas extranjeras que eran abominación al Señor (1 Samuel 22:17-18; 1 Reyes 18:21; 21:7-13). Es aquí, donde surgen hombres inspirados para proclamar la ley del Señor con señales inequívocas del Todopoderoso. Como lo indica el profesor Robert L. Cate en su libro "Teología del Antiguo Testamento" de la siguiente manera:

*"el periodo de la monarquía unida, entre aproximada mente 1020 a 931 a. de J. C. esto cubre la creación del reino hebreo bajo Saúl, la expansión principal y consolidación bajo David y el decaimiento y la disolución bajo Salomón. Es durante este periodo cuando los profetas hebreos empiezan hacer sentir su influencia.*

*El periodo de Israel y Judá como reinos separados, desde aproximadamente 931 a 721 a. de J. C. en este periodo las dos naciones se separaron. Durante la mayor parte del periodo, Israel, el Reino del Norte, era dominante. Los grandes profetas empezaban a hacer su impacto sobre las dos naciones. El fin llego cuando Israel fue destruido y su capital, samaria, fue capturada por Asiria en 721 a de J. C." (Robert Cate págs. 18-19)*

El problema con el pueblo de Dios fue que abandonaron el mensaje autoritativo de la voluntad de Dios. La presencia de Dios y sus teofanías en el monte Sinaí eran señal inequívoca que los mandamientos que Moisés recibió fueron de Dios. Sin embargo, el pueblo perdió el temor de Dios apartándose de su voluntad revelada, por lo que fue necesario la aparición del ministerio profético para recordar el mensaje autoritativo del Señor, es decir, sus mandamientos o mensaje.

*"y Moisés respondió al pueblo: No temáis, porque para probaros vino Dios, y para que su temor este delante de vosotros, para que no pequéis... y Jehová dijo a Moisés: así dirás a los hijos de Israel: vosotros habéis visto que he hablado desde el cielo con vosotros." (Éxodo 20:20.22),* apartarse de la voluntad de Dios, es apartarse del temor del Señor.

Podríamos concluir de la siguiente manera para una mejor comprensión de lo antes mencionado:

El ministerio profético consiste en recordar los mandamientos al pueblo de Israel, cuando estos eran predicados producía conciencia de pecado, es decir, de desobediencia, esperando el arrepentimiento (volverse a Dios) como resultado de esta conciencia (Nehemías 1:9; 1 Samuel 15:22-25; Ezequiel 33:11-20; Joel 2:13; Oseas 14:1; Zacarías 1:3). Cuando los profetas predecían el futuro, hacían señales etc. Producía conciencia en el pueblo de la omnisciencia y omnipotencia de Dios. Podemos comprender que las señales revelan el poder de Dios, pero el mensaje (los mandamientos) revela su voluntad.

## II. El ministerio profético en el Nuevo Testamento.

*"Pues la ley por medio de Moisés fue dada, pero la gracia y la verdad vinieron por medio de Jesucristo." (Juan 1:17).* Ahora se predica el evangelio de Cristo, donde nos revela la verdad y manifiesta su gracia para salvación, por medio de la fe en él (Efesios 2:8).

Este mensaje (el evangelio) revelado por Cristo, fue la predicación fundamental de sus discípulos, en este mensaje descansa la iglesia (1 Timoteo 3:15). *"Edificados sobre el fundamento de los apóstoles y profetas, siendo la principal piedra del ángulo Jesucristo mismo."* *(Efesios 2:20)*

Así como Dios habló con Moisés para enseñarle todas las cosas, posteriormente Moisés transfería este conocimiento a Aarón su hermano para que él lo anunciara a faraón, de esta manera Aarón se convertía en su profeta (Éxodo 7:1-2). Ahora, en el Nuevo Testamento Jesucristo (Dios) le reveló todas las cosas a sus apóstoles y estos a su vez a los profetas (1 Corintios 12:28), con la diferencia que ahora todos ellos podían predicarlo con el poder del Espíritu Santo.

Jesús se encargó de enseñar a los apóstoles su voluntad y cuando él ascendió a los cielos los apóstoles fueron la fuente de autoridad fidedigna de esos mandamientos, por tanto, junto con los profetas del Nuevo Testamento se encargaron de recordar este mensaje inspirados por el Espíritu Santo.

Conforme se multiplicaba la iglesia, de los mismos creyentes el Señor levantaba profetas para recordar el mansaje de Cristo en las congregaciones ante las amenazas de enseñanzas erróneas. También, como lo dice Samuel Pérez Millos, las iglesias eran consolidadas con el mismo mensaje, impartido por los otros ministerios, es decir, evangelistas, pastores y maestros[30] (Efesios 4:11).

Pues algunos distorsionaban el mensaje imponiendo cargas que el Señor no había mandado, a lo que los profetas con abundancia de palabras aprendidas por los apóstoles, consolaban y aclaraban la voluntad de Dios a los creyentes. *"Así, pues, los que fueron enviados descendieron a Antioquía, y reuniendo a la congregación, entregaron la carta; habiendo leído la cual, se regocijaron por la consolación. Y Judas y Silas, como ellos también eran profetas, consolaron y confirmaron a los hermanos con abundancia de palabras."* (Hechos 15:30-32)

En el Nuevo Testamento el ministerio profético implica lo mismo, solo que ahora el profeta, el hombre inspirado busca a toda costa que el mensaje de nuestro Señor Jesucristo no muera, a través de la enseñanza y la exclamación de la palabra, sobre la que está fundada nuestra fe. *"Al oírlas, muchos de sus discípulos dijeron: Dura es esta palabra; ¿Quién la puede oír?... El espíritu es el que da vida; la carne para nada aprovecha; <u>las palabras que yo os he hablado son espíritu y son vida</u>... Dijo entonces Jesús a los doce: ¿queréis acaso iros también vosotros? Le respondió Simón Pedro: ¿a quién iremos? <u>Tú tienes</u>*

---

[30] Se puede establecer también una clasificación de los dones: a) *Fundantes*, que son los dados para el establecimiento de la iglesia y de la doctrina escrita en el Nuevo Testamento; estos son: Apóstoles y Profetas. b) *consolidantes*, dados para consolidar y desarrollar espiritualmente la obra iniciada por los apóstoles, y establecer nuevas iglesias; son tres: evangelistas, Pastores y Maestros. c) *Manifestantes*, dados con el especial propósito de manifestar la realidad de la resurrección de Jesucristo y efectuar señales que lo acreditan, siendo testimonio especialmente orientado hacia no creyentes; que son: Lenguas, Milagros y Sanidades. d) *Dones ministrantes o de servicio*, dados para el servicio general en la iglesia y la edificación mutua entre creyentes; son el resto de los dones. Samuel Pérez Millos, **Comentario Exegético al Texto Griego del Nuevo** Testamento (Barcelona, España: Editorial CLIE, 2011), 894.

*palabras de vida eterna.* *Y nosotros hemos creído y conocemos que tú eres el Cristo, el Hijo del Dios viviente. (San Juan 6:60, 63,67-69)*

Podemos percatarnos que las palabras del Señor no son del agrado de todos, pero que deben estar presente siempre, ya que es la gente la que se aparta, pero el mensaje sigue presente a través de sus siervos. La palabra de Dios es espíritu y vida y como lo dijo el apóstol Pedro: "solo él tiene palabras de vida eterna" digna de prestarle atención para vivir en ella.

*"Si ustedes conocen a Jesucristo, harán todo eso, y tratarán de hacerlo cada vez mejor. Así, vivirán haciendo el bien. Pero quien no lo hace así es como si estuviera ciego, y olvida que Dios le ha perdonado todo lo malo que hizo. Hermanos, Dios los ha elegido para formar parte de su pueblo, y si quieren serlo para siempre, deben esforzarse más por hacer todo esto. De ese modo, nunca fracasarán en su vida cristiana, y Dios, con gusto, les dará la bienvenida en el reino de nuestro Señor y Salvador Jesucristo, quien reina para siempre. Por eso yo les seguiré **recordando** siempre todo esto, aun cuando ya lo saben y siguen creyendo en la verdad que les enseñaron. Mientras yo viva, creo que es mi deber **recordarles** todo esto. Nuestro Señor Jesucristo me ha permitido saber que pronto moriré; pero yo haré todo lo posible para que ustedes **recuerden** estos consejos aun después de mi muerte. Cuando les enseñábamos acerca del poder de nuestro Señor Jesucristo y de su regreso, no estábamos inventando una historia, sino que con nuestros propios ojos vimos el gran poder de nuestro Señor. Por eso estoy completamente seguro de que el mensaje de Dios que anunciaron los profetas es la verdad. Por favor, préstenle atención a ese mensaje, pues les dirá cómo vivir hasta el día en que Cristo vuelva y cambie sus vidas. Pero, antes que nada, deben saber que ninguna enseñanza de la Biblia se puede explicar cómo uno quisiera. Ningún profeta habló por su propia cuenta. Al contrario, todos ellos hablaron de parte de Dios y fueron guiados por el Espíritu Santo." (2 Pedro 1:8-16, 19-21 BLS)*

Es el Espíritu Santo el que nos revela en su palabra su voluntad y nos inspira para vivir y enseñar sus mandamientos. *"más el consolador, el Espíritu Santo, a quien el padre enviara en mi nombre, él os enseñara todas las cosas, y os **recordara** todo lo que yo os he dicho". (San Juan 14:26).* El profeta no revelara alguna voluntad o mandamiento nuevo u omitirá uno que ya está escrito, lo que la Biblia nos enseña de Cristo y su Reino son la voluntad de Dios revelada para siempre, y los profetas deben conocerlo, vivirlo y predicarlo. (1 Pedro 1:24-25; 1 Juan 2:17)

Vemos que es parte fundamental del Espíritu Santo enseñarnos y recordarnos todo lo que él dijo, hoy encontramos muchos falsos profetas que no tocan la Biblia o que solo tienen un discurso por donde quiera que van, cuando la palabra de Dios es viva y eficaz (Hebreos 4:12), el Espíritu del Señor nos enseña lo que debemos hablar en cada lugar (Lucas 12:11-12).

Más que nunca necesitamos verdaderos profetas que se inspiren en las escrituras para predicar las palabras del Señor Jesucristo y que no mueran o se olviden. Tampoco debemos conformarnos con recordar solo una parte, pues el evangelio no debe ser mutilado, ni poner cargas de más para imponer ritos o costumbres que el Señor no mandó. Sino únicamente lo que el Señor nos muestra en su palabra fiel (la Biblia).

*A todos los que escuchen el mensaje de esta profecía, les advierto esto: si alguien le añade algo a este libro, Dios lo castigará con todas las plagas terribles que están descritas en el libro. Y si alguien le quita algo al mensaje de esta profecía, Dios no lo dejará tomar su parte del fruto del árbol que da vida, ni lo dejará vivir en la ciudad santa, como se ha dicho en este libro. (Apocalipsis 22:18-19)*

Muchos predicadores dicen: "están sacando al Espíritu Santo de las iglesias", para seguir ministrando como ellos quieren, tal vez en desorden o exageraciones. Lo cierto es, que se puede discernir como "están sacando de la iglesia la Biblia" (la Palabra Santa). Donde se predique el evangelio correctamente, ahí está el Espíritu Santo, pues, él es el que recuerda todo lo que nos ha mandado. Es la principal acción del Espíritu Santo (Juan 14:26).

Cuando Pablo habla a los Efesios sobre permanecer en el fundamento de los apóstoles y profetas, se refiere a los profetas del Nuevo testamento, este fundamento no era predicciones o revelaciones de cosas ocultas (que si las había también), pero el fundamento al que Pablo se refiere es el mensaje que ellos predicaban para edificación, exhortación y consolación de los creyentes (1 Corintios 14:3-5).

*"pero el que profetiza habla a los hombres para edificación, exhortación y consolación." 1 Corintios 14:3*

Pablo menciona que Cristo es la principal piedra del ángulo, los apóstoles asentados o edificados sobre el mensaje de Jesús y posteriormente los profetas edificados en el mismo mensaje (la voluntad de nuestro Señor Jesucristo). Este mensaje o mandamientos eran muy necesarios para instruir y perfeccionar a los creyentes (Efesios 4:11-15). Como lo sigue siendo hasta el día de hoy.

# Capítulo 4

# Obedeciendo la voluntad del Espíritu Santo

*Hacer la voluntad de Dios, ser instrumentos de su gloria, ser movidos de aquí para allá, sin lugar fijo, no es fácil, "El viento sopla de donde quiere, y oyes su sonido; mas ni sabes de dónde viene, ni a dónde va; así es todo aquel que es nacido del Espíritu." (Juan 3:8). Pero la humildad y sumisión a su Espíritu Santo (Romanos 8:4-6) nos va dando madures emocional y espiritual, a tal grado que el hacer su voluntad se convierte en un deleite. "El hacer tu voluntad, Dios mío, me ha agradado, Y tu ley está en medio de mi corazón. (Salmos 40:8).*

# Obedeciendo la voluntad del Espíritu Santo.

*"Porque he descendido del cielo, no para hacer mi voluntad, sino la voluntad del que me envió." (Juan 6:38).* Hacer la voluntad de Dios es la acción que todo profeta debe estar dispuesto a realizar. Vivir bajo la voluntad de Dios escrita nos advierte que el Espíritu Santo nos moverá como él quiere y no como nosotros deseamos o pensamos. La Biblia nos muestra la voluntad de Dios en tres diferentes formas:

## I. La voluntad de Dios como la Ley (La escritura).

Podemos referirnos aquí a la Biblia. (Deuteronomio 29:29; Josué 1:8; Juan 5:39; 2 Timoteo 3:16)

Hacer la voluntad de Dios, ser instrumentos de su gloria, ser movidos de aquí para allá, sin lugar fijo, no es fácil, *"El viento sopla de donde quiere, y oyes su sonido; mas ni sabes de dónde viene, ni a dónde va; así es todo aquel que es nacido del Espíritu." (Juan 3:8).* Pero la humildad y sumisión a su Espíritu Santo (Romanos 8:4-6) nos va dando madures emocional y espiritual, a tal grado que el hacer su voluntad se convierte en un deleite. *"El hacer tu voluntad, Dios mío, me ha agradado, Y tu ley está en medio de mi corazón. (Salmos 40:8).*

Ya hemos hablado bastante sobre la voluntad escrita de Dios, pero que maravilloso es meditar en su ley todo el tiempo, hay quienes pierden el tiempo en las redes sociales o televisión, etc. Pero para el verdadero profeta pasar tiempo en las escrituras es un deleite. *"... en la ley de Jehová está su delicia, Y en su ley medita de día y de noche. Será como árbol plantado junto a corrientes de aguas, Que da su fruto en su tiempo, Y su hoja no cae; Y todo lo que hace, prosperará." (Salmos 1:2-3).*

*"Nunca se apartará de tu boca este libro de la ley, sino que de día y de noche meditarás en él, para que guardes y hagas conforme a todo lo que en él está escrito; porque entonces harás prosperar tu camino, y todo te saldrá bien."* (Josué 1:8)

La Biblia es la herramienta fundamental e inseparable de todo aquel que proclama las buenas nuevas de salvación, todo aquel que ha sido enviado a enseñar la ley de Dios. Sin ella el hombre de Dios no puede perfeccionarse en el camino del Señor (2 Timoteo 3:16-17), nunca podría verificar si está en la voluntad de Dios (Hechos 17:11). Pero si estamos atentos a ella podremos ver claramente por donde caminamos. *"Lámpara es a mis pies tu palabra, Y lumbrera a mi camino."* (Salmos 119:105).

## II. La voluntad comisionada y permisiva de Dios.

*La voluntad comisionada*: cuando el Señor manda al profeta realizar diferentes misiones. Como cuando mandó a Natán a reprender al rey David (2 Samuel 12:1-9), mando a Amos del reino del sur al reino del norte a predicarle a Israel (Amós 7:15), mandó a Ezequiel que se recostara sobre su lado izquierdo durante muchos días y también sobre su lado derecho (Ezequiel 4:4-9), etc. Y la *permisiva*: es donde Dios permite que pasen cosas agradables o no agradables, con un propósito determinado (Romanos 8:28). A continuación un ejemplo:

*"Vino a mí palabra de Jehová, diciendo: Hijo de hombre, he aquí que yo te quito de golpe el deleite de tus ojos; no endeches, ni llores, ni corran tus lágrimas. Reprime el suspirar, no hagas luto de mortuorios; ata tu turbante sobre ti, y pon tus zapatos en tus pies, y no te cubras con rebozo, ni comas pan de enlutados. Hablé al pueblo por la mañana, y a la tarde murió mi mujer; y a la mañana hice como me fue mandado. Y me dijo el pueblo: ¿No nos enseñarás qué significan para nosotros estas cosas que haces? Y yo les*

*dije: La palabra de Jehová vino a mí, diciendo: Di a la casa de Israel: Así ha dicho Jehová el Señor: He aquí yo profano mi santuario, la gloria de vuestro poderío, el deseo de vuestros ojos y el deleite de vuestra alma; y vuestros hijos y vuestras hijas que dejasteis caerán a espada. (Ezequiel 24:15-21).*

Ser un profeta del Señor no es fácil, pues, el siervo de Dios debe predicar con el ejemplo, dramatizar la voluntad de Dios como bien lo hizo Ezequiel al ignorar el dolor, cuando el Señor le dice que su esposa morirá de repente, y aunque la ama mucho no le debe llorar (Ezequiel 24:16), porque servirá de reflexión para Israel. Aun así el acepta y obedece la voluntad de Dios.

Un verdadero profeta del Señor debe estar dispuesto a renunciar a lo que él le mande, para ello debe estar dispuesto a negarse así mismo, tomando su cruz cada día, para poder seguir a su Dios (Mateo 16:24). También debe amar al Señor más que a su familia (Mateo 10:37), o todo aquello que se haya convertido en el deleite de sus ojos. El profeta debe estar dispuesto a obedecer a Dios para que se cumplan sus propósitos y negarse a los propósitos personales, debe estar dispuesto a renunciar al trabajo, a los viajes, a las codicias, etc. Si Dios se lo pide.

Para ser un auténtico proclamador de la voluntad de Dios, debemos experimentar primero el mensaje, Ezequiel proclama el mensaje al pueblo con dolor, con autoridad y con obediencia. El pueblo sabía que para soportar un dolor como este, con ese temple y fortaleza, Dios estaba con él y que había un mensaje de parte del Señor para ellos.

El profeta debe saber que Dios da, pero también quita, como lo dijo Job (Job 1:21), el profeta del Antiguo Testamento sabía que su futuro era incierto. Pues estaba a disposición de los planes de Dios.

Un profeta debe estar dispuesto a realizar la misión en el lugar, en la forma y a quien el Señor le mande, *"Y me dijo Jehová: No digas: Soy un niño; porque a todo lo que te envíe irás tú, y dirás todo lo que te mande." (Jeremías 1:7).*

No como ahora, que muchos siervos de Dios se quejan porque el Señor no obra en nuestros planes, sin embargo, todo verdadero profeta debe vivir para los planes de Dios y no los de él (Mateo 26:39). Debemos encarnar el mensaje de Jesucristo en nuestra vida y entender lo que significa: *"porque todo el que quiera salvar su vida, la perderá; y todo el que pierda su vida por causa de mí, la salvara." (Mateo 16:25).* Si al profeta no lo invitan a predicar, debe saber esperar en Dios y confiar en sus planes, no debe invitarse solo. Si no le va bien económicamente debe esperar en Dios confiadamente y no frustrarse, el Señor le quiere enseñar algo, tal vez paciencia.

*"vosotros también, poniendo toda diligencia por esto mismo, añadid a vuestra fe virtud; a la virtud, conocimiento; al conocimiento, dominio propio; al dominio propio, paciencia; a la paciencia, piedad; a la piedad, afecto fraternal; y al afecto fraternal, amor. <u>Porque si estas cosas están en vosotros, y abundan, no os dejarán estar ociosos ni sin fruto en cuanto al conocimiento de nuestro Señor Jesucristo.</u> Pero el que no tiene estas cosas tiene la vista muy corta; es ciego, habiendo olvidado la purificación de sus antiguos pecados. <u>Por lo cual, hermanos, tanto más procurad hacer firme vuestra vocación y elección; porque haciendo estas cosas, no caeréis jamás.</u> Porque de esta manera os será otorgada amplia y generosa entrada en el reino eterno de nuestro Señor y Salvador Jesucristo. Por esto, yo no dejaré de recordaros siempre estas cosas, aunque vosotros las sepáis, y estéis confirmados en la verdad presente." (2 Pedro 1:5-12)*

La vocación en este caso del profeta debe ser crecer espiritualmente y madurar en el dominio propio para vencer las tentaciones, pero al mismo tiempo estar dispuesto hacer lo que el Señor le manda que haga, hable, cambie, se niegue así mismo, renuncie, acepte, etc. Como le dijo Dios a Jeremías: *"He aquí he puesto mis palabras en tu boca. Mira que te he puesto en este día sobre naciones y sobre reinos, para arrancar y para destruir, para arruinar y para derribar, para edificar y para plantar." (Jeremías 1:9-10).*

Muchos desean ser profetas con la motivación incorrecta ya sea ganar renombre, invitaciones, por dinero, viajar, sentirse empoderado. Pero la realidad es que ser un verdadero siervo (profeta) del Señor implica sacrificios, vituperios, austeridad, etc. (Jeremías 15:15-18; Juan 21:18-19; Mateo 26:37-39). Hoy en día el hedonismo ha sacado del vocabulario de los profetas y de muchos cristianos la palabra "sacrificio", siendo que nuestro Señor Jesucristo nos mostró que aunque él era Dios se humillo así mismo hasta la muerte para salvar a los pecadores (Filipenses 2:5-11).

*"Desde entonces comenzó Jesús a declarar a sus discípulos que le era necesario ir a Jerusalén y padecer mucho de los ancianos, de los principales sacerdotes y de los escribas; y ser muerto, y resucitar al tercer día. Entonces Pedro, tomándolo aparte, comenzó a reconvenirle, diciendo: Señor, ten compasión de ti; en ninguna manera esto te acontezca. Pero él, volviéndose, dijo a Pedro: ¡Quítate de delante de mí, Satanás!; me eres tropiezo, porque no pones la mira en las cosas de Dios, sino en las de los hombres. Entonces Jesús dijo a sus discípulos: Si alguno quiere venir en pos de mí, niéguese a sí mismo, y tome su cruz, y sígame. (Mateo 16:21-24)*

En la actualidad existen muchos profetas como Pedro, que no quieren sufrir la voluntad de Dios, al contrario, buscan solo las bendiciones, te dicen que si no tienes dinero, casas, carros, etc. Estás mal o por lo menos eso te hacen sentir. Frustrando así no solo los corazones de los demás, sino también, siendo de estorbo para que otros sean verdaderos profetas del Señor, obedeciendo lo que Dios les manda y soportando lo que el Señor permite que pase en sus vidas.

Jesús le dijo a Pedro: *¡quítate de delante de mí, satanás! Me eres tropiezo, porque no pones la mira en las cosas de Dios, sino en la de los hombres.* Apártate de aquellos que solo están en busca de la prosperidad.

Creo en el Dios que bendice, pero no en hombres que aman el dinero más que su salvación. El Señor Jesucristo no miente en su palabra, él nunca nos dijo que nos daría riquezas, lujos, fama, etc. Nos promete darnos lo necesario si le servimos primero a él (Mateo 6:36). Y que debemos estar contentos con lo que él nos dé (2 Corintios 8:15).

*"No lo digo porque tenga escasez, pues <u>he aprendido a contentarme, cualquiera que sea mi situación</u>. Sé vivir humildemente, y sé tener abundancia; en todo y por todo estoy enseñado, <u>así para estar saciado como para tener hambre, así para tener abundancia como para padecer necesidad</u>. Todo lo puedo en Cristo que me fortalece." (Filipenses 4:11-13).* Este debería ser el lema de todo profeta o predicador.

*"porque nada hemos traído a este mundo, y sin duda nada podremos sacar. Así que, teniendo sustento y abrigo, <u>estemos contentos</u> con esto. Porque <u>los que quieren enriquecerse</u> caen en tentación y lazo, y en muchas codicias necias y dañosas, que hunden a los hombres en destrucción y perdición; porque <u>raíz de todos los males es el amor al dinero, el cual codiciando algunos, se extraviaron de la fe</u>, y fueron traspasados de muchos dolores." (1 Timoteo 6:7-10).*

Hay muchos falsos profetas influenciados por satanás para apartarnos de sufrir la sana doctrina (2 Timoteo 2:3-5, 8-9), Jesús le estaba diciendo: "que le era necesario... sufrir mucho", pues el Señor sabía que el sufrimiento no era fácil (Mateo 26:38-39), pero era necesario para cumplir con la voluntad de Dios para salvarnos. Después de su martirio y resurrección Pedro lo entendió, a tal grado que sufrir por Cristo se convirtió para el en un privilegio. *"... y llamando a los apóstoles, después de azotarlos, les intimaron que no hablasen en el nombre de Jesús, y los pusieron en libertad. Y ellos salieron de la presencia del concilio, <u>gozosos de haber sido tenidos por dignos de padecer afrenta por causa del Nombre</u>." (Hechos 5:40-41)*

Cuando el profeta vive en la voluntad de Dios acepta las circunstancias, sabe que si Dios lo permite, es porque tiene un propósito (Job 2:10; 2 Samuel 16:11). Esto me recuerda a Pablo cuando el profeta Ágabo le dice que será atado en Israel y encarcelado, a lo que el apóstol responde, cuando le insistían que no subiera a Jerusalén: *"¿Qué hacéis llorando y quebrantándome el corazón? Porque yo estoy dispuesto no sólo a ser atado, más aun a morir en Jerusalén por el nombre del Señor Jesús."* (Hechos 21:13).

En ocasiones decimos que estamos dispuestos a morir por Cristo, cuando en realidad no somos capaces de soportar las carencias, los problemas, enfermedades, persecuciones, etc. O de compartir parte de lo que el Señor nos ha dado (Marcos 10:21).

El profeta debe ser un hombre dispuesto a despojarse de todo lo que el Señor Jesucristo le mande, no debe pesarle la cruz, debe estar dispuesto a negarse a sí mismo para cumplir la voluntad de su Dios, como dice la escritura: *"gozosos en la esperanza; sufridos en la tribulación; constantes en la oración."* (Romanos 12:12).

En conclusión, el profeta debe estar dispuesto a ir, hacer, a decir, lo que Dios le mande y soportar las pruebas y luchas si es necesario. Debe cumplir la comisión que el Señor le manda y aceptar lo que el permite que pase. Porque esa es su voluntad. ¿Deseas ser un verdadero profeta del Señor? Ten en cuenta las palabras con las que iniciamos, aquí las recuerdo nuevamente:

*"Hacer la voluntad de Dios en este sentido, ser instrumentos de su gloria, ser movidos de aquí para allá, sin lugar fijo, no es fácil, "El viento sopla de donde quiere, y oyes su sonido; mas ni sabes de dónde viene, ni a dónde va; así es todo aquel que es nacido del Espíritu." (Juan 3:8). Pero la humildad y sumisión a su Espíritu Santo (Romanos 8:4-6) nos va dando madures emocional y espiritual, a tal grado que el hacer su voluntad se convierte en un deleite. "El hacer tu voluntad, Dios mío, me ha agradado, Y tu ley está en medio de mi corazón." (Salmos 40:8).*

## III. La voluntad de Dios en la que "él quiere que todos los hombres sean salvos."

*"El cual quiere que todos los hombres sean salvos y vengan al conocimiento de la verdad. Porque hay un solo Dios, y un solo mediador entre Dios y los hombres, Jesucristo hombre, el cual se dio a sí mismo en rescate por todos, de lo cual se dio testimonio a su debido tiempo. (1 Timoteo 2:4-6).*

El hecho de que el profeta se deje mover por la voluntad de Dios y conozca las escrituras, tiene una finalidad única "que todos los hombres sean salvos". Para ello es necesario que se prediquen todas sus enseñanzas y así librarlos del pecado para salvarlos. Para que los hombres conozcan el plan redentor de Dios.

En cierta ocasión su servidor se encontraba en una actividad muy grande, un auditorio enorme, escuchaba con atención a los predicadores, y le dije al Señor: - creo que conozco predicadores tan buenos como estos o mejores y que no se les ha dado una oportunidad en eventos así. Le pregunte: - ¿Por qué, ellos no estaban ahí? Y el Señor me dijo: - *"necesito profetas en otros lugares, donde muchos de los que están en las plataformas no quieren ir"*. Le dije: - Señor, yo quiero ser uno de ellos. (Isaías 6:8).

No quiero generalizar, también necesitamos predicadores buenos en las plataformas. Pero que sean capaces de bajarse e ir aquellos lugares donde no hay economía para llevarlos, que estén dispuestos a ofrendarse a sí mismos, como Cristo lo hizo por nosotros. *"Haya, pues, en vosotros este sentir que hubo también en Cristo Jesús, el cual, siendo en forma de Dios, no estimó el ser igual a Dios como cosa a que aferrarse, sino que se despojó a sí mismo, tomando forma de siervo, hecho semejante a los hombres; y estando en la condición de hombre, se humilló a sí mismo, haciéndose obediente hasta la muerte, y muerte de cruz."* (Filipenses 2:5-8).

No hay muchos profetas hoy en día tratando de ser obedientes hasta la muerte, siendo humildes, por el contrario, vemos a menudo profetas o predicadores con mucha arrogancia, soberbios, egocéntricos, envidiando otros ministerios, luchando por la supremacía, promoviéndose a sí mismos para que se les haga una invitación, etc. No saben confiar en Dios, no aceptan la voluntad de Cristo, tal vez el Espíritu Santo no quiere que salgan (Hechos 16:6-10), quiere que le predique a sus vecinos o familiares, etc.

Muchos dicen ser evangelistas, pero solamente quieren predicar en los templos enfocándose a los ya convertidos, y tienen solo un tema de enseñanza "el Espíritu Santo" o "la presencia de Dios", el problema no es que hablen de él, sino que lo hacen mal enfocados. En lo personal estoy convencido que nadie puede considerarse evangelista, sino habla del evangelio de Jesucristo, de la doctrina de la iglesia.

La Biblia dice que "*toda la escritura es inspirada por Dios…*" y cuando dice "toda" es toda, sin excepción de tema, de otra manera, ¿cómo esperamos la perfección de los santos o su crecimiento espiritual? (1 Timoteo 3:16-17). Pues, aprenden a recibir, pero no a dar, aprenden a gozarse, pero no a sufrir por el evangelio, aprenden a llenarse, pero no a dar de lo que han recibido. La voluntad de Dios es que los hombres sean salvos y vengan al conocimiento de la verdad.

Hay profetas que dicen: si en tu iglesia no predican del "Espíritu Santo", "de la venida de Cristo", u otros del "Juicio final", etc. ¡Sal de esa iglesia! La realidad es que el Señor nos manda a predicar el evangelio completo, no solo una parte. Por el contrario, si en tu iglesia solo se predica un tema y no de toda la Biblia, ¡sal de ahí!

He sido testigo con profundo pesar que muchos de los profetas o predicadores que prenden el fuego en las iglesias, cuando están en sus congregaciones o toman una congregación como pastores, con el tiempo terminan decepcionando al pueblo, pues se hacen muy repetitivos y/o manipuladores con profecías falsas e inclusive repetidas.

Así es la situación de muchos profetas no están interesados en los propósitos de Dios, sino, solamente en los intereses personales. Que tristeza será que cuando el Señor venga les diga: *"apartaos de mí, hacedores de maldad, no os conozco"*. Todo profeta debe estar interesado en la salvación de las almas, tanto de las que ya están en la iglesia como en las que todavía no se han convertido.

# Capítulo 5

# ¿El Espíritu Santo no me deja predicar?

*No hace mucho tiempo escuché a cierto profeta expresar con mucha autoridad: "el Espíritu Santo no me deja predicar", inmediatamente llegó a mi mente que el único que no desea que se predique en los cultos, o en cualquier otro evento es "satanás". Claro que, esta declaración para muchos de los oyentes fue algo positivo, recuerdo escuchar un ¡gloria a Dios! tan fuerte, que retumbo todo el auditorio. Desde luego, que también pensé que aquel profeta no se había preparado con un sermón.*

# ¿El Espíritu Santo no me deja predicar?

*"pero recibiréis poder, cuando haya venido sobre vosotros el Espíritu Santo, y me seréis testigos en Jerusalén, en toda Judea, en Samaria, y hasta lo último de la tierra." (Hechos 1:8).*

## I. Siempre que el Espíritu Santo aparece es para hablar.

*"Te encarezco delante de Dios y del Señor Jesucristo, que juzgará a los vivos y a los muertos en su manifestación y en su reino, que prediques la palabra; que instes a tiempo y fuera de tiempo; redarguye, reprende, exhorta con toda paciencia y doctrina. Porque vendrá tiempo cuando no sufrirán la sana doctrina, sino que teniendo comezón de oír, se amontonarán maestros conforme a sus propias concupiscencias, y apartarán de la verdad el oído y se volverán a las fábulas." (2 Timoteo 4:1-4)*

No hace mucho tiempo escuché a cierto profeta expresar con mucha autoridad: *"el Espíritu Santo no me deja predicar"*, inmediatamente llegó a mi mente que el único que no desea que se predique en los cultos, o en cualquier otro evento es "satanás". Claro que, esta declaración para muchos de los oyentes fue algo positivo, recuerdo escuchar un ¡gloria a Dios! tan fuerte, que retumbo todo el auditorio. Desde luego, que también pensé que aquel profeta no se había preparado con un sermón.

Semanas después escuche que el mismo profeta o mejor dicho vidente, se presentó en diferentes congregaciones y en la mayoría de ellas ministraba con la misma expresión diciendo: *"se siente una unción muy fuerte, el Espíritu Santo no me deja predicar"*. ¿Hasta dónde vamos a llegar permitiendo esto en nuestras iglesias? dijo pablo: *"mi espíritu ora, pero mi entendimiento queda sin fruto. ¿Qué, pues? Oraré con el espíritu, pero oraré también con el entendimiento; cantaré con el espíritu, pero cantaré también con el entendimiento. (1 Corintios 14:14-15).*

Reflexionando en esto, comencé a pensar en algún pasaje Bíblico donde se manifestara "la gloria de Dios o el Espíritu Santo" y por ende no se pudiera predicar la palabra de Dios (el mensaje). Y estos fueron algunos de los pasajes Bíblicos que vinieron a mi mente y quiero compartirlos con ustedes:

## A) La gloria de Dios y el mensaje en el Sinaí.

El primer pasaje Bíblico que vino a mi mente, fue cuando la gloria de Dios descendió en el Sinaí. Dice de la siguiente manera:

*"Todo el pueblo observaba el estruendo y los relámpagos, y el sonido de la bocina, y el monte que humeaba; y viéndolo el pueblo, temblaron, y se pusieron de lejos. Y dijeron a Moisés: Habla tú con nosotros, y nosotros oiremos; pero no hable Dios con nosotros, para que no muramos. Y Moisés respondió al pueblo: No temáis; porque para probaros vino Dios, y para que su temor esté delante de vosotros, para que no pequéis. Entonces el pueblo estuvo a lo lejos, y Moisés se acercó a la oscuridad en la cual estaba Dios. Y Jehová dijo a Moisés: Así dirás a los hijos de Israel: Vosotros habéis visto que he hablado desde el cielo con vosotros. (Éxodo 20:18-22).*

La gloria de Dios descendió en el Sinaí a ojos de todo el pueblo como lo hemos leído anteriormente y podemos percatarnos que la finalidad de su presencia en ese lugar fue hablar con Moisés todo lo relevante a su voluntad (sus mandamientos). En otras palabras, cuando Moisés descendió del monte Sinaí, no bajo diciendo "se siente muy bonito", sino, con las tablas de la ley en su mano, para que el pueblo viviera en esos mandamientos que le habían sido otorgados para Israel. Pues, el capítulo 20 de Éxodo comienza diciendo: *"Y habló Dios todas estas palabras",* y enseguida se describen todas las ordenanzas que el Señor le dijo a Moisés.

Sin duda, en este pasaje cuando la gloria de Dios desciende es para hablar, alguien dirá: "pero el profeta habla cosas que Dios le dice", sin embargo, si no habla de los mandamientos del Señor, Se olvidó del mensaje. Se convierten en profetas sin mensaje. De hecho, siempre que la nube de su gloria descendía en el tabernáculo, era con el propósito de hablar con Moisés y Aarón tocante a situaciones importantes de desobediencia a sus mandamientos o a sus propósitos.

Hoy en día muchos falsos profetas suben a las plataformas sin mensaje, como dijo un buen amigo *"se han vuelto perezosos para la lectura"* no tienen doctrina y por ello hablan herejías como estas, para ocultar la ausencia del mensaje. *"Así también vosotros; pues que anheláis dones espirituales, <u>procurad abundar en ellos para edificación de la iglesia</u>… Asimismo, los profetas <u>hablen</u> dos o tres, y los demás juzguen. Y si algo le fuere revelado a otro que estuviere sentado, calle el primero. <u>Porque podéis profetizar todos uno por uno, para que todos aprendan, y todos sean exhortados</u>. Y los espíritus de los profetas están sujetos a los profetas; pues Dios no es Dios de confusión, sino de paz."* (1 Corintios 14:12, 29-33).

Ya hemos mencionado que aquí en primera de Corintios, capitulo catorce, la profecía se refiere a proclamar o predicar el evangelio de Cristo, para edificación de la iglesia. En estos versículos que leímos anteriormente se dice que el profeta debe hablar, y si a alguno Dios le mostro algo espere su turno para hablar el mensaje que tiene de parte del Señor, para que "todos aprendan y sean exhortados". *"Si alguno se cree profeta, o espiritual, reconozca que lo que os escribo son mandamientos del Señor."* (1 Corintios 14:37).

## B) El derramamiento del Espíritu Santo el día de pentecostés.

El segundo pasaje Bíblico que se me vino a la mente fue el derramamiento del Espíritu Santo el día de pentecostés. Las escrituras nos afirman en el capítulo dos del libro de los Hechos que la presencia de Dios descendió sobre los ciento veinte reunidos y fueron todos llenos del Espíritu Santo. Pero, no fue un evento donde solo recibían por recibir y hablaban en lenguas solo para edificación personal. El Señor Jesucristo tenía un propósito que descubriremos a continuación.

Se encontraban muchos judíos reunidos en esa ocasión en Jerusalén, que venían de diferentes nacionalidades en las que habían nacido. Cuando escuchan las lenguas de los cristianos no les son desconocidas, pues, dice que les oían hablar las maravillas de Dios, quiere decir, que el mismo Espíritu Santo les estaba predicando (Hechos 2:7-12).

No fueron lenguas repartidas solo para ser edificados personalmente, sino, que el Espíritu Santo les estaba usando para predicarles a todas aquellas personas que se habían acercado para ver lo que acontecía, ya hemos leído a Pablo cuando dice que si alguno habla en lenguas las hable para sí, si no hay interprete, pues, nadie le entiende. Por lo que sería mejor profetizar (predicar el evangelio). Pero, aquí en el día de pentecostés era un evento especial, con un propósito especial, pues el Señor atrapó la atención y los corazones de los oyentes, porque los creyentes hablaban en el idioma de ellos, lo que el Espíritu les daba que hablasen (Hechos 2:4).

Pero por si eso fuera poco, también nos dice que *"Pedro, quien estaba lleno del Espíritu Santo"*, alzó la voz y comenzó a predicarles del evangelio de Cristo, que tuvo como resultado que por el poder de la palabra se compungieran de corazón, se arrepintieran y se bautizaran más de tres mil personas. El propósito del Espíritu Santo es que le conozcan, que tengan entendimiento de lo que Cristo hizo por ellos en la cruz y sobre su plan redentor. Para que puedan entregarse a Cristo (Hechos 2:36-42).

El Teólogo Eleuterio Uribe Villegas lo describe de la siguiente manera: *"La revelación cristológica y pneumatológica de Dios el día del pentecostés, aparecen como indispensablemente juntas ¿Por qué los dos grandes temas teológicos aparecen unidos el día de pentecostés, tanto el derramamiento del Espíritu Santo y el significado Teológico de la muerte y resurrección de Jesucristo? Sin temor a equivocarnos, decimos que se debe a que ambos eran necesarios para demostrar que el* **acontecimiento soteriológico** *por excelencia estaba sucediendo frente a los ojos de los ahí presentes, como parteaguas de la historia y cumplimiento de las profecías teológicas centrales del Antiguo Testamento: el cumplimiento de las profecías mesiánicas salvíficas del* **nuevo pacto.**[31]

Pues, el propósito del Espíritu Santo como ya lo mencionamos en capítulos pasados es enseñarnos y recordarnos todo lo que nos ha mandado (Juan 14:26; 15:26-27), es convencer de pecado, de justicia y de juicio con el poder de su palabra, es guiarnos a toda verdad y a toda justicia (Juan 16:8,13). Lo dice muy claro a sus discípulos, que recibirían poder para testificar de Cristo pese a los sufrimientos que pudieran enfrentarse y que llevarían su palabra en Jerusalén, en toda Judea, en samaria, y hasta lo último de la tierra (Hechos 1:8). Sin duda, sin el poder del Espíritu Santo el evangelio no se hubiera propagado como lo ha hecho hasta el día de hoy.

*"Porque no nos ha dado Dios espíritu de cobardía, sino de poder, de amor y de dominio propio. Por tanto, no te avergüences de dar testimonio de nuestro*

---

[31] Eleuterio Uribe V. **Pentecostés el Nuevo Sinaí** (Guadalajara: 2018) 25-26

*Señor, ni de mí, preso suyo, sino participa de las aflicciones por el evangelio según el poder de Dios." (2 Timoteo 1:7-8).*

El Espíritu Santo da poder para testificar del evangelio pese a las aflicciones. Da amor para tener compasión por las almas, y da dominio propio para poder sujetarnos a su voluntad. Ahora le pertenecemos al Señor Jesucristo, pues nos ha sellado con su Espíritu Santo y los frutos lo confirman cuando predicamos del mensaje más hermoso que nos ha sido entregado en nuestras manos (la Biblia).

## C) El poder de Dios se manifiesta en la cárcel.

*"Pero a medianoche, orando Pablo y Silas, cantaban himnos a Dios; y los presos los oían. Entonces sobrevino de repente un gran terremoto, de tal manera que los cimientos de la cárcel se sacudían; y al instante se abrieron todas las puertas, y las cadenas de todos se soltaron. (Hechos 16:25-26)*

Aun estando presos estos grandes siervos del Señor oraban y cantaban cantos espirituales, esta forma de adorar era peculiar en pablo y lo hacía con la finalidad de ser lleno del Espíritu santo *"No os embriaguéis con vino, en lo cual hay disolución; antes bien <u>sed llenos del Espíritu</u>, hablando entre vosotros con salmos, con himnos y cánticos espirituales, cantando y alabando al Señor en vuestros corazones; dando siempre gracias por todo al Dios y Padre, en el nombre de nuestro Señor Jesucristo. (Efesios 5:18-20).*

Podemos estar seguros que los presos les oían atentamente, porque las alabanzas de aquel tiempo tenían el mensaje del evangelio, pues, es bien sabido que Filipenses 2:5-11 es un himno que expresa el plan redentor de Cristo[32]. Estamos seguros que estos himnos tocaron los corazones de los que oían, pero lo cierto es que después de que el Señor sacudió los cimientos, las puertas se abrieron y las cadenas se soltaron, ¡nadie escapó! Algo maravilloso estaba haciendo Cristo en esa prisión.

Cuando el carcelero despierta y ve las puertas abiertas, cree que todos los presos escaparon y pensó en quitarse la vida con su propia espada, pues, el castigo romano a los carceleros cuando un preso escapaba era una gran tortura. Mas Pablo, entendiéndolo lo llama y le dice que no se haga ningún daño, pues todos estaban ahí. El carcelero apresurándose cayo postrado ante Pablo preguntándole ¿qué debo hacer para ser salvo? *"Ellos dijeron: Cree en el Señor Jesucristo, y serás salvo, tú y tu casa. Y le hablaron la palabra del Señor a él y a todos los que estaban en su casa." (Hechos 16:31-32).*

Antes de concluir quiero decir, que si los presos no escaparon, probablemente es porque habían aceptado a Cristo por las oraciones de Pablo y Silas y los cantos que hablaban del evangelio de Cristo (como hacen falta este tipo de himnos hoy en día). Ante aquel hecho tan portentoso, los presos comprendieron que en Cristo, ya eran verdaderamente libres.

Podemos decir entonces, que cuando la gloria de Dios se derrama y/o se manifiesta a través de milagros, es buen momento para hablar el mensaje de Salvación, tal vez las

---

[32] "Haya, pues, en vosotros este sentir que hubo también en Cristo Jesús, el cual, siendo en forma de Dios, no estimó el ser igual a Dios como cosa a que aferrarse, sino que se despojó a sí mismo, tomando forma de siervo, hecho semejante a los hombres; y estando en la condición de hombre, se humilló a sí mismo, haciéndose obediente hasta la muerte, y muerte de cruz. Por lo cual Dios también le exaltó hasta lo sumo, y le dio un nombre que es sobre todo nombre, para que en el nombre de Jesús se doble toda rodilla de los que están en los cielos, y en la tierra, y debajo de la tierra; y toda lengua confiese que Jesucristo es el Señor, para gloria de Dios Padre. (Filipenses 2:5-11).

personas sientan el Espíritu Santo y sean testigos de su poder, pero deben saber lo que necesitan hacer para ser salvos.

Concluimos este capítulo diciendo que el espíritu Santo es el principal promotor de la predicación, descendió del cielo para revelar sus mandamientos a Moisés, el cual lo enseñó a Israel. Lo hizo hablando a través de las lenguas de los primeros creyentes a los judíos de otras nacionalidades, y levantando a Pedro para predicar un gran sermón. También lo hizo dando respaldo con su poder en la cárcel de Filipo preparando el corazón de los presos y el carcelero, para que escucharan la predicación de Pablo y Silas.

*"Pero los que fueron esparcidos iban por todas partes anunciando el evangelio. Entonces Felipe, descendiendo a la ciudad de Samaria, les predicaba a Cristo. Y la gente, unánime, escuchaba atentamente las cosas que decía Felipe, oyendo y viendo las señales que hacía."* (Hechos 8:4-6). Esta debe ser la labor principal de todo profeta o evangelista.

Felipe es otro ejemplo, de que la presencia de Dios, las señales, etc., van de la mano con la predicación, de hecho, lo primero que hace Felipe es predicarles a Cristo y el Señor le respaldaba con milagros, sanidades, etc. La predicación debe ser lo fundamental en cualquier actividad de la iglesia.

*"Y el Señor, después que les habló, fue recibido arriba en el cielo, y se sentó a la diestra de Dios. Y ellos, saliendo, predicaron en todas partes, ayudándoles el Señor y confirmando la palabra con las señales que la seguían. Amén.* (Marcos 16:20)

# Capítulo 6

# Las manipulaciones del profeta (vidente)

"Ya _he escuchado las mentiras_ de esos profetas. Según ellos, han soñado que les he dado un mensaje. ¡Eso lo inventaron ellos! ¿_Cuándo dejarán de mentir?_ Lo que quieren es que mi pueblo me olvide, como me olvidaron sus antepasados por adorar al dios Baal. "Yo, el Dios de Israel, les digo: si un profeta tiene un sueño, que lo cuente; si recibe un mensaje de mi parte, que lo comunique al pie de la letra. _¡Pero que se dejen de cuentos!_ Estoy _cansado de sus mentiras._ ¡Y todavía se atreven a decir que hablan de mi parte! _Estoy en contra de esos profetas que dicen haber recibido mensajes de mi parte, pero yo no les he comunicado nada._ Esa clase de mentiras no le hace ningún bien a mi pueblo; al contrario, _lo conducen al error._ "Mi palabra es tan poderosa como el fuego, y tan dura como un martillo; ¡hasta puede hacer pedazos una roca! Les aseguro que así es. (Jeremías 23:25-29 BLS)

# Las manipulaciones del profeta (vidente).

*"No envié yo aquellos profetas, pero ellos corrían; yo no les hablé, mas ellos profetizaban. Pero si ellos hubieran estado en mi secreto, habrían hecho oír mis palabras a mi pueblo, y lo habrían hecho volver de su mal camino, y de la maldad de sus obras." (Jeremías 23:21-22)*

## I. Existen diferentes formas de manipular.

¡Ya le agarré! Fue la expresión de un hombre que tenía ya algunos meses saliendo a campañas, pues, los dones que tenía le habían abierto puertas, era, podríamos decir un vidente (revelación de cosas ocultas de personas), realmente Dios lo usaba. Sin embargo, observando el a otros profetas y aprendiendo de ellos sobre la ministración, le preguntaron si seguiría aprendiendo con ellos, a lo que él respondió ¡no! ¡Ya le agarré!

Al principio pensé sinceramente que había una forma de escuchar al Espíritu Santo, que existía una fórmula para obtener la revelación, sin embargo, con el pasar del tiempo me di cuenta de una terrible situación. A lo que aquel vidente se refería con esa frase, era en realidad manipular a las personas en un culto o cualquier evento cristiano. Tal vez se preguntará ¿Pero cómo es esto posible?

Bueno, la mayoría de los falsos profetas o videntes tienen el concepto de provocar algo en la audiencia para poder ministrarles a su antojo, por ejemplo: ellos saben que si ministran a una persona, y esta persona es conocida, la iglesia sabrá que es cierto lo que dice, la iglesia se entrega sin más, creyendo de ahí en adelante todo lo que diga el predicador (inclusive si sucede un milagro). Recordemos que un falso profeta puede ser usado por

Dios (tiene el don: Romanos 11:29) y puede hacer más de lo que el Señor le ha indicado, manipulando así al grupo de hermanos presentes (Deuteronomio 13:1-5).

De ahí en adelante vienen ministraciones como "Dios te va a usar", "recibe más", "algo fuerte viene para ti", etc., usted sabe, todo aquello que es difícil comprobar si es de Dios o no, sin embargo, creo en un Dios de propósitos. Por otro lado, para los creyentes o visitas es muy difícil no creerle, ya que recibieron una palabra verdadera. Así he visto muchos cultos hoy en día, con profetas o videntes que ministran un treinta por ciento verdad y un setenta por ciento mentira. En otras palabras "ya le agarraron".

Algunos psicólogos mencionan que tanto, el manipulador como el manipulado, son guiados por dos emociones que le gobiernan consciente e inconscientemente: el miedo y el deseo[33]. El falso profeta (manipulador) es capaz de mentir por miedo a no ser reconocido como profeta y/o desea obtener ganancias deshonestas (las motivaciones pueden variar).

Por otro lado, el oyente (manipulado) tiene miedo no ser parte del nuevo mover de Dios, que le consideren un falto de fe (al menos, eso le hacen sentir), y/o desea ser empoderado para que los demás le consideren un hombre de Dios (o bien su anhelo puede ser sincero, pero no conforme a la verdad).

## A) La ministración de los falsos profetas.

*"Y salió un espíritu y se puso delante de Jehová, y dijo: Yo le induciré. Y Jehová le dijo: ¿De qué manera? Él dijo: Yo saldré, y seré espíritu de mentira*

---

[33] Brad Wood, **Manipulación** (S.I.: Copyright, 2020) 33

*en boca de todos sus profetas. Y él dijo: Le inducirás, y aun lo conseguirás; ve, pues, y hazlo así. (1 Reyes 22:21-22)*

Será necesario que el lector consulte 1 Reyes 22:1-40. Reflexionemos un poco sobre el espíritu de mentira[34] o de manipulación, que se ha apoderado de los falsos profetas, pues, a los verdaderos no los puede engañar. La escena es la siguiente: se encuentran sentados el rey Acab y el rey Josafat consultando a Jehová sobre hacer guerra contra Siria. Se encontraban en el lugar cuatrocientos profetas, los cuales profetizaban éxito al rey diciendo: *"sube porque Jehová la entregará en mano del rey"*.

Inclusive, Sedequías, uno de los profetas se hizo de unos cuernos de hierro diciendo: *"con esto acornearás a los sirios hasta acabarlos."* Imagine aquella escena de un hombre buscando darse a notar, muchos pensarían hoy en día que fue una gran profecía, no estoy diciendo que no pueda darse de esa manera, pues muchos profetas verdaderos lo hacían así, solo estoy tratando de mostrar que hay quienes no tienen temor de Dios para imitar e inventar simbolismos proféticos para llamar la atención.

Sin embargo, Josafat desea saber si se encontraba otro profeta, pues, al parecer los cuatrocientos profetas no lo convencían (podía discernir algo extraño), efectivamente el rey tenía otro profeta al que no quería, porque siempre le profetizaba mal diciendo: *"Aún hay un varón por el cual podríamos consultar a Jehová, Micaías hijo de Imla; más yo le aborrezco, porque nunca me profetiza bien, sino solamente mal. Y Josafat dijo: No hable el rey así."*

Quienes conocemos la historia bíblica sabemos que el rey Acab fue un hombre perverso, que no tuvo temor de Dios e hizo lo

---

[34] Tácticas de psicología oscura que se utilizan sobre una base regular… **Mentir:** Esto incluirá decirle a la víctima una versión falsa de la situación. También puede incluir una verdad parcial o exageraciones con el objetivo de obtener lo que usted desea que se haga. Victor SyKes, **Psicología oscura** (S.I.: Copyright, 2019) 11,12

malo ante los ojos de Jehová. Hoy en día pasan cuestiones similares, hombres malos sin temor a Dios que ostentan poder eclesial, político, económico o social reciben palabra de los falsos videntes para empoderarlos, honrándolos delante de los hombres para ganar seguidores para ellos. Sin embargo, Dios no los ha escogido.

*"Ya he escuchado las mentiras de esos profetas. Según ellos, han soñado que les he dado un mensaje. ¡Eso lo inventaron ellos! ¿Cuándo dejarán de mentir? Lo que quieren es que mi pueblo me olvide, como me olvidaron sus antepasados por adorar al dios Baal. "Yo, el Dios de Israel, les digo: si un profeta tiene un sueño, que lo cuente; si recibe un mensaje de mi parte, que lo comunique al pie de la letra. ¡Pero que se dejen de cuentos! Estoy cansado de sus mentiras. ¡Y todavía se atreven a decir que hablan de mi parte! Estoy en contra de esos profetas que dicen haber recibido mensajes de mi parte, pero yo no les he comunicado nada. Esa clase de mentiras no le hace ningún bien a mi pueblo; al contrario, lo conducen al error. "Mi palabra es tan poderosa como el fuego, y tan dura como un martillo; ¡hasta puede hacer pedazos una roca! Les aseguro que así es. (Jeremías 23:25-29 BLS)*

Esto ocasiona una decepción en los creyentes que realmente conocen los pecados de personas que les dan palabra de bendición. Esto causa confusión en la iglesia, surgen muchas preguntas, se pierde poco a poco el temor de Dios. Sin embargo, este tipo de videntes son los más invitados por cuanto adulan a los que ostentan un liderazgo. Profetizan solo éxito, no denuncian ningún pecado en una época de decadencia espiritual, ¿No les parece extraño?

Mientras que los que dicen la verdad, son ignorados o relegados. Decir la verdad también requiere prudencia, hay quienes dicen: "la verdad no peca, pero incomoda", aunque la verdad no peca en ocasiones la imprudencia si lo hace, pues no se trata de condenar a las personas enfrente de todos, se debe tener ética, debe hacerse todo con amor (1 Corintios 16:14; 2 Timoteo 2:24-26).

Nos podemos percatar que la manipulación profética no es algo nuevo, el corazón del hombre siempre está tentado hacer lo malo por intereses personales. Al igual que el rey Acab, mucha gente ama las adulaciones sean verdad o no, pero les hace sentir bien, pues, no desean escuchar lo que necesitan, sino, lo que les causa placer.

Cuando Micaías es traído a la presencia de los reyes, el mensajero le dice que todos los profetas a una voz le dicen cosas buenas al rey Acab, y le pide que el también <u>anuncie buen éxito</u>. Creo que en esto radica un poco la astucia y facilidad de la manipulación, en anunciar prosperidad, poder, fama, dones, milagros, bendiciones, etc. ¿Quién no desea escuchar cosas como estas? Creo que todos. Esto no quiere decir que el Señor no hable de esta manera, sino, que cuando escuchas estas promesas a personas que no van casi a la iglesia, son problemáticos, no son adoradores, dan mal testimonio, etc. Te cuesta trabajo creer que sea Dios. Por otro lado, también cuesta trabajo creer que cierto vidente o profeta siempre profetice cosas buenas.

El espíritu de mentira logra persuadir a los falsos profetas por la falta de temor a Dios y el hambre de fama que poseen, hoy día esto es muy común, existen movimientos religiosos del neo pentecostalismo que avergüenzan el cristianismo con sus prácticas y formas de ministrar, *muchos de sus disparates se pueden encontrar con títulos vergonzosos como "la manguera de la unción" "el cigarro santo" "el chicle ungido" "la patada de la unción" "la camisa de la unción" "el palo ungido" y no puede faltar el que te moja con su botella de agua, etc.*

Micaías por su parte prefiere ser encarcelado antes que obedecer al espíritu de mentira, como dijo Acab: *"Echad a éste en la cárcel, y mantenedle con pan de angustia y con agua de aflicción."* Este fue el resultado de hablar la verdad, por tener el Espíritu de Verdad, a Dios y sus mandamientos en su corazón. No muchos profetas estarían dispuestos a sufrir este tipo de indignación, pues sienten que les verían derrotados y sin Dios. La prosperidad se ha convertido para los falsos profetas en un sinónimo de la aprobación de Dios. Así de confundido está el cristianismo del siglo XXI.

Para el mundo, la fama, el dinero, las casas, los carros, los viajes, la ropa de marca, etc. Representa el éxito. Sin embargo, Cristo nos dice que el éxito del verdadero siervo de Dios está en renunciar a todas aquellas cosas que el mundo tiene por ganancia, si estas nos impiden servirle al Señor como él nos lo manda. *"Pero cuantas cosas eran para mí ganancia, las he estimado como pérdida por amor de Cristo. Y ciertamente, aun estimo todas las cosas como pérdida por la excelencia del conocimiento de Cristo Jesús, mi Señor, por amor del cual lo he perdido todo, y lo tengo por basura, para ganar a Cristo."* (Filipenses 3:7-8)

## B) Todo lo que dice el profeta después de una profecía o milagro es ley.

Escuché a cierto campañista decir en una ocasión: "la gente era muy dura, batalle mucho, pero cuando Dios sanó a una persona de un tumor, algo se rompió y la gloria de Dios se derramó." De ahí en adelante, añadió el campañista: "la gente se me entregó".

Es aquí, estimados lectores donde la gente se entrega a muchos predicadores o videntes, todo lo que dice de ahí en adelante es ley para los oyentes. Sin duda alguna, el problema es que al vidente, campañista, predicador o profeta, como le guste llamar, no le basta con lo que ocurrió para posteriormente dar un mensaje de salvación, de llamamiento al arrepentimiento, etc.

Sino, que desea seguir siendo el centro de atención,[35] ministrando o hablando (añadiendo) lo que Dios no le mandó.

Es por ello que surgen declaraciones del profeta de su propia mente, profecías sin sentido como "viene algo fuerte sobre ti", "algo te va a tocar", "el señor va a comenzar a usarte", "tómense de la mano y reciban más del Espíritu Santo", etc. Los hermanos comienzan a caer, a llorar, hablar en lenguas, se les ministra sanidad y caen al suelo (al siguiente día están igual de enfermos), pero inconscientemente las iglesias creen que la emoción y algarabía valió la pena.

Claramente el espíritu se goza al saber que el Señor le habló o sanó a alguien que conocemos e inclusive a nosotros mismos, yo he sido ministrado poderosamente cuando Cristo ha hablado a mi vida, ¡gloria a Dios por ello! pero aunque estemos tocados, quebrantados o sensibles y el profeta haya sido el instrumento que el Señor uso para ministrarnos, no debemos olvidar que es un ser humano y puede equivocarse o emocionarse. Por ello es muy importante que haya cristianos que disciernan por medio del Espíritu Santo o a través del conocimiento de las escrituras.

*"Y si algunos hablan de parte de Dios, que sean sólo dos o tres personas. Los demás deben prestar atención, para ver si el mensaje es de parte de Dios o no... Porque a Dios no le gusta el desorden y el alboroto, sino la paz y el orden. Como es costumbre en nuestras iglesias," (1 Corintios 14:29,33 BLS).*

---

[35] La verdadera humildad fluye de una perspectiva de Dios correcta. La manera en que vive y funciona... en su ministerio se relaciona directamente con su visión de Dios. Un hombre humilde, con una visión de Dios adecuada, estará confiado en el poder de Dios, comprometido con la verdad de Dios, comisionado por la voluntad de Dios y movido por el conocimiento de Dios y consumido por su gloria. John MacArthur Jr. **El ministerio pastoral** (Barcelona: Editorial CLIE, 2005), 41.

En otra ocasión un vidente me dio bastante profecía, eran palabras que realmente yo necesitaba, me quebrante, caí de rodillas llorando, después aquel varón me siguió diciendo cosas que pude discernir que no eran verdad. Le ganó la emoción y las ganas de seguir empoderándose delante de la iglesia (imagínese yo era el pastor).

En otro momento fui testigo de un hecho tan vergonzoso que todavía me cuesta trabajo creer, asistimos a un congreso, donde diferentes predicadores expusieron la palabra excelentemente, fuimos grandemente edificados. Al final, le tocaba a un vidente predicar y ministrar (como era de esperarse solo ministro). Yo estaba platicando con hermanos, amigos muy conocidos, ellos me contaban que el vidente en turno les había dado un mensaje de parte de Dios en su casa, y que por esa razón estaban ahí. El vidente intentaba predicar pero la verdad es que no tuvo éxito, por lo que comenzó a ministrar, enseguida, les hablo a mis amigos y en alta voz les profetizó lo mismo que ellos me habían contado que hacía unos días les había dicho de parte de Dios.

Mis amigos ingenuamente volvieron a llorar y a caer al suelo, mientras yo estaba siendo testigo de que el vidente había recurrido a un viejo mensaje, no era algo que Dios le estuviera mostrando en ese momento. De repente, comenzó a hacer mucho movimiento, hablándoles a hermanos y realizando coloquialmente hablando, un tiradero de gente. Ya se imaginarán, las personas creían todo lo que él decía, "reciban más", "viene una unción poderosa", "Dios te va usar grandemente"; no estoy diciendo que el Señor no pueda hablar así, solo que no es algo que se pueda comprobar, al menos que la persona que recibió el mensaje lo testifique. La verdad es que, es muy común escuchar esto de los videntes, ya hasta parece grabación.

En lo personal no creía nada de lo que estaba viendo, cuando el vidente invitó a los pastores a pasar al frente, pasé para no ser evidenciado como indiferente o rebelde. La palabra que soltó según él de parte de Dios fue "así dice el señor: desde hoy en adelante verán mi gloria, sanarán enfermos, harán milagros en mi nombre", yo solo podía pensar dentro de mí, desde hace mucho que experimento la gloria de mi Dios, he orado por enfermos y han sanado, el Señor ha realizado milagros en varias ocasiones (pero no ando por ahí publicándolo), ¿Por qué dice él que desde ahora va a ocurrir? Por su puesto, era una falsa profecía.

Como dice John Vevere: *Es triste, pero estamos tan desesperadamente hambrientos por lo sobrenatural y la profecía verdadera que muchos no han ejercitado el juicio espiritual, y en su lugar han abrazado, sin cuidado, todas las formas de este ministerio. Jesús lo dijo en forma clara: "Mirad que nadie os engañe" (Mateo 24.4).*[36]

*"El segundo grupo de falsos profetas es más difícil de reconocer. Están en la iglesia, y sin estorbo pueden engañar hasta a los elegidos. Jesús dijo que ellos se levantarían con señales y maravillas: ...de tal manera que engañarán, si fuere posible, aun a los escogidos (Mateo 24.24). Están entre nosotros, usando la misma Biblia, acompañados de dones sobrenaturales, pero se extravían guiando gente hacia ellos mismos en lugar de hacerlo hacia el corazón y el gobierno de Dios. Nuevamente, Pablo lo hace claro a la iglesia de Éfeso a través de sus continuas amonestaciones:*

*"Porque yo sé que después de mi partida entrarán en medio de vosotros lobos rapaces, que no perdonarán al rebaño. Y de vosotros mismos se levantarán hombres que hablen cosas perversas para arrastrar tras sí a los discípulos. Por tanto, velad, acordándoos que por tres años, de noche y de día, no he cesado de amonestar con lágrimas a cada uno." (Hechos 20.29-31)*[37]

---

[36] John Bevere, **¿Así dice el Señor?** (Florida, EE.UU: Casa Creación, 1999), 68.
[37] John Bevere, **¿Así dice el Señor?** (Florida, EE.UU: Casa Creación, 1999), 27.

# 1. La falsa profecía no lleva al arrepentimiento.

Manuel J. Gaxiola Gaxiola nos menciona una situación, que nos servirá de ejemplo: *"en guamúchil hubo una seria conmoción porque un hombre que había sido miembro de la iglesia, muy conocido en el pueblo, y que ahora tenía varias mujeres, recibió el mensaje de que su hija mayor moriría si no entraba al templo de rodillas y le daba siete vueltas al altar. Aunque el testimonio de este hombre era notorio en el templo y su presencia en la iglesia contribuía a desacreditarla o cuando menos a que se pensara que la iglesia ya no era moralmente estricta, la ceremonia se efectuó, aunque el hombre volvió a su vida anterior."*[38]

Aquí la profecía era de juicio a un hombre pecador, no obstante la profecía era falsa, e igualmente la forma de restauración comprendía un rito y no un arrepentimiento genuino en el que aquel hombre abandonara su vida inmoral. Por otro lado, el pecado de esta persona no era un secreto, era algo visible a los ojos del pueblo. Bastaba, solo con haberle predicado el evangelio y no llevarlo a realizar un acto en el que sentía que ya había pagado su culpa.

La predicación del evangelio busca confrontar el corazón del hombre, de tal manera, que este, sea convencido de su pecado (Hechos 2:37). Creando aquella conciencia de condenación por su maldad, de la cual no puede salir, a menos que reciba el perdón de Dios a través de la fe en Cristo, quien ya pagó la deuda. Y ahora, en agradecimiento le entrega su vida en obediencia para servirle para siempre (Hechos 2:38).

Tenemos el caso de Zaqueo, quien tenía testimonio de ser un hombre pecador (Lucas 19:7), pero cuando recibió a Cristo en su casa (Lucas 19:5-6), dio muestras de arrepentimiento (Lucas

---

[38] Manuel J. Gaxiola Gaxiola, **La Serpiente y la Paloma** (S.I. Iglesia Apostólica de la Fe en Cristo Jesús, 2007), 334-335.

19:8), pues, entendió su condición espiritual a través del mensaje de Jesús (Lucas 19:9-10). Así, es la voluntad de Dios, que los hombres sean transformados por la predicación del evangelio de Jesús. No se necesita mentir e imponer un castigo, como si fuera a realizar una penitencia, basta solamente arrepentirse y cambiar de vida, es decir, abandonar el pecado para servirle a Dios.

## C) ¿Las personas caen por el poder de Dios o del hombre?

*1. Cuando les dijo: Yo soy, retrocedieron, y cayeron a tierra. (Juan 18:6).* Este pasaje bíblico es el único en los evangelios que menciona a alguien que cayó con el poder de Dios (a excepción de los que caían endemoniados Mateo 17:15), cuando Jesús menciona el nombre "YO SOY" con el cual se dio a conocer a Moisés, en ese momento Jesús habla como Dios, es por ello, que aquellos hombres retrocedieron y cayeron a tierra.

Con todo es importante mencionar que aquellos que cayeron no eran discípulos de Jesús, eran soldados y alguaciles que llevaban la consigna de prender al Señor y llevarlo preso. Por otro lado, podemos notar que aunque cayeron a tierra, cuando se levantaron no pensaban diferente en cuanto al concepto que tenían de Jesús. Es decir, no se convirtieron en discípulos por lo que pasó.

Ahora bien, es importante resaltar que cuando Jesús les habla con poder, no lleva la intención de bendecirlos (llenarlos del Espíritu Santo) o transformarlos en nuevas criaturas, el solamente quiso demostrar que si lo llevaban preso es porque él así lo permitía, no porque ellos fueran más fuertes o tuvieran más autoridad que él. *"Por eso me ama el Padre, porque yo pongo mi vida, para volverla a tomar. Nadie me la quita, sino que yo de mí mismo la pongo.*

*Tengo poder para ponerla, y tengo poder para volverla a tomar. Este mandamiento recibí de mi Padre. (Juan 10:17-18).*

Al mismo tiempo nos demostró a nosotros los creyentes, que él se dio así mismo en rescate por todos los que habrían de creer. *"El cual se dio a sí mismo en rescate por todos, de lo cual se dio testimonio a su debido tiempo". (1 Timoteo 2:6).*

Prácticamente en todos los evangelios no vemos otro acontecimiento como este, sin embargo, cabe mencionar que fue una excepción, no es una norma o un patrón que se repita constantemente. Como ya mencionamos anteriormente Jesús dejó claro que él se entregaba así mismo.

2. También, algunos han comentado sobre la primera vez que el Espíritu Santo descendió sobre los creyentes en Hechos capítulo dos, sin embargo, la Biblia menciona que estaban "sentados" cuando descendió el Señor sobre ellos (Hechos 2:2). Por otra parte, cuando Pedro les predica el evangelio menciona que él se puso en pie, con los once (tenían dominio propio), porque estaban sentados cuando los tocó el Espíritu Santo. Ahora bien, es necesario entender que el Espíritu Santo da "dominio propio" (2 Timoteo 1:7), la palabra "dominio" viene de la palabra griega "sofronismos"[39] que significa "disciplina, control de uno mismo". También en gálatas nos habla de la "templanza" como uno de los frutos del Espíritu Santo, la palabra templanza en griego es "enkrateia"[40] que significa "dominio propio".

Cuando la Biblia menciona que la gente se burlaba diciendo: "están llenos de mosto" no era porque estaban tirados en el suelo, era simple y sencillamente porque hablaban otro idioma. Nosotros sabemos que esto fue como lo dijo Pedro: *"no están ebrios como ustedes lo suponen, sino, que es la promesa que dijo el profeta*

---

[39] Diccionario Strong, s.v. "Dominio".
[40] Diccionario Strong, s.v. "Templanza".

*Joel, que en los postreros días derramaría de su espíritu sobre toda carne".* (Hechos 2:14-17).

Así que, como en el pasaje bíblico, al igual que aquellos algunos suponen que la gente estaba tirada, pero en realidad no dice nada de esto (Hechos 2:2). Al contrario, podían escuchar a Pedro puesto en pie con los once, lleno del Espíritu Santo predicándoles el evangelio de Cristo (Hechos 2:13).

3. Encontramos otro suceso similar también en el libro de los Hechos, cuando Jesús se manifiesta a Saulo de Tarso (Pablo) en un resplandor de luz, la Biblia menciona lo siguiente: *"Mas yendo por el camino, aconteció que al llegar cerca de Damasco, repentinamente le rodeó un resplandor de luz del cielo; y cayendo en tierra, oyó una voz que le decía: Saulo, Saulo, ¿por qué me persigues?". (Hechos 9:3-4).*

En esta ocasión surge algo similar, solo que esta vez se puede decir que Pablo era un enemigo del evangelio de Cristo, tal vez las oraciones de los santos en Damasco movieron la mano de Dios y su misericordia. Obviamente el Señor Jesucristo tenía planes para Pablo, pues, él dijo: *instrumento escogido me es este, para llevar mi nombre en presencia de gentiles, de reyes y de los hijos de Israel* (Hechos 9:15).

Bueno, es obvio que el hecho de caer a tierra por la gloria de Dios, no lo cambió o transformo, sino, el hecho de saber quién era el que le había aparecido y el haber hablado con él (Hechos 9:3-6). En otras palabras Cristo se reveló a Su vida. Por otra parte, Pablo no recibe el Espíritu Santo cuando cae a tierra, pues, es hasta días después cuando Ananías ora por el que recibe la promesa (Hechos 9:17). Podemos pensar entonces, que en los cultos de adoración, cuando un vidente o profeta ora para que el poder del Espíritu Santo se derrame, si en verdad es el Señor Jesús el que lo hace caer, debemos estar seguros que aquella persona vio a Jesús resucitado se levantará transformada, porque Jesús se está revelando a su vida.

Se puede confirmar que cuando alguien cae a tierra según los pasajes en que hemos meditado a grandes rasgos, o es solo Jesús mostrando su poder a los rebeldes o es Jesús cambiando el corazón de los que se oponen. No obstante, nos damos cuenta que en la iglesia primitiva, esto no era una constante, podemos suponer sin ningún problema, que fueron excepciones con diferentes propósitos.

Cabe mencionar, que en uno de los pasajes bíblicos es el Señor Jesús directamente presente, y en los otros dos, Teofanías (manifestación de Dios, como fuego, luz, etc.). En la iglesia primitiva cuando alguien recibía el Espíritu Santo, no nos menciona que caían a tierra, más bien, nos dice cosas como las siguientes:

*"Y fueron todos llenos del Espíritu Santo, y comenzaron a hablar en otras lenguas, según el Espíritu les daba que hablasen." (Hechos 2:4). "Cuando hubieron orado, el lugar en que estaban congregados tembló; y todos fueron llenos del Espíritu Santo, y hablaban con denuedo la palabra de Dios." (Hechos 4:31). "…se quedaron atónitos de que también sobre los gentiles se derramase el don del Espíritu Santo. Porque los oían que hablaban en lenguas, y que magnificaban a Dios." (Hechos 10:45-46). "Y habiéndoles impuesto Pablo las manos, vino sobre ellos el Espíritu Santo; y hablaban en lenguas, y profetizaban." (Hechos 19:6).*

Nos damos cuenta que era algo muy diferente, prácticamente era una norma que cuando el Espíritu Santo los tocaba hablaban en lenguas, alababan y profetizaban. No menciona que caían a tierra, ahora bien, por poner un ejemplo, supongamos que es el Espíritu Santo el que hace caer a la gente, es muy común mirar personas que están en tierra o en el suelo, sin hablar en lenguas, sin alabar a Dios, sin profetizar; se ve como si estuvieran desmayados. Todos sabemos que no están recibiendo nada.

# 1. Imitando lo que está de moda.

No debe sorprendernos que el cristiano sea fácil de manipular, mayormente cuando admira a alguien, por temor, por deseo, por ignorancia, etc. Pueden variar los motivos, pero es algo real. Recordemos cuando Pedro convivía con los cristianos-gentiles en Antioquia, y cuando llegaron los judeo-cristianos que venían con Santiago, se apartó de los cristianos-gentiles. Esto provocó que Bernabé y otros **imitaran** su hipocresía, la Biblia nos dice que Pablo lo reprendió. Rafael Aguirre lo describe de la siguiente manera:

*"Por temor al grupo de Santiago, Pedro se separa de los pagano-cristianos y los demás judeo-cristianos, incluido el mismo Bernabé, le imitan. Se tienen reuniones separadas, eucaristías diferentes, iglesias domésticas incomunicadas."*[41]

Solo quería comenzar diciendo que no es algo nuevo que se imite lo bueno o malo de personas o movimientos religiosos (Neo Pentecostales, entre otros) que llaman la atención.[42] Esto se da por diversas situaciones o motivaciones, así también ha sucedido

---

[41] Rafael Aguirre, *La iglesia de Antioquia de Siria (S.I.* Editorial Española Desclée De Brouwer, 1988), 38.

[42] Tanto antes como después de esta fecha, se menciona además a algunos profetas anónimos, con los que quizás se confundan, pero no se habla ya de hermanos profetas. Su forma de vivir ha pasado de moda; su movimiento se ha apagado o se ha transformado radicalmente.
¿De dónde proceden? Son el fruto del difícil encuentro que se produjo el siglo XIII a. c., en tierras de Palestina, entre la fe yavista y la civilización cananea. Abandonando las austeras regiones por donde nomadeaban, algunos clanes hebreos se establecen en Palestina. El país les atrae, sus habitantes les impresionan. Y adoptan su comportamiento. Ven en medio de sus gentes a ciertos «profetas» que practican un éxtasis de donde parecen surgir extrañas luces útiles para la existencia de los creyentes. El texto que sigue nos da una buena idea de esos espectáculos que tanto impresionaron a los hebreos y que hicieron surgir en ellos deseos de imitación. Louis Monloubou, **Los profetas del Antiguo Testamento** (Avda. Pamplona: Verbo Divino, 1987) 12.

con los que caen y los que tumban, como lo veremos a continuación.

Si no es por el poder de Dios que cae al suelo, ¿Por qué la gente se presta a esto? Bueno, es muy fácil suponer que es porque se ha convertido como en una especie de moda, quien no recibe palabra o cae a tierra no está en los planes de Dios. O si oran por ti y no caes a tierra das la impresión que no recibiste el Espíritu Santo.

Parece difícil de creer, pero la realidad es que los falsos videntes y/o falsos profetas caen en esta competencia de ver quien tumba a más personas, obviamente, será aquel que empuje y manipule más. (Los empujones son muy típicos en este tipo de ministración, si se le puede llamar así). En ocasiones, son las mismas personas las que se dejan caer y no depende ya de quien le ministra.

Este tipo de cultos se han convertido en una especie de dramatización, donde participan los falsos profetas, y la gente que piensa que cayendo a tierra recibirá una mayor bendición. Yo entiendo que cuando alguien recibe una palabra de parte de Dios, no le importa que le empujen y donde caiga; sin embargo, que bonito es ver a personas doblar sus rodillas, a otras llorando y otras alabando a Dios, ver hermanos derramando su alma en el altar, ya sea de pie o hincados. Viendo que su vida es realmente edificada, exhortada y consolada.

Sabemos que no todo el que recibe bendición, toma la decisión de cambiar de corazón, pero este es otro tema. Empero, la Biblia nos enseña cómo se recibía el Espíritu Santo con poder en la iglesia primitiva. Son señales inequívocas que el Espíritu Santo está ahí.

En cierta ocasión me tocó orar por una joven que no era de la iglesia, ella decía que estaba endemoniada y en los cultos se ponía mal, mencionaba que sentía como algo que se le atoraba en la garganta y que vomitaba espuma. Un día que oré por ella, me dijo lo mismo, hizo como que vomitaba pero no tiraba nada, yo no le discernía demonios o brujería, entendí que buscaba llamar la atención, es decir, solo estaba fingiendo.

Indagué sobre su familia y me enteré que algunos días atrás los hermanos habían orado por su mamá (quien si tenía brujería), la cual había tenido los mismos síntomas que ella decía tener. Solo repetía (imitaba) lo que ya había visto para llamar la atención.

Después me pasó con otra joven, la cual si hacía gestos de endemoniada, pero aunque no lo crea estaba fingiendo y lo hizo por más de una hora. Muchos hermanos la ministraron y no pasaba nada, muchos se frustraron; pero, oré por ella usando un poco de astucia, le dije: "sin lugar a dudas cuando cuente hasta tres quedarás libre en el nombre de Jesucristo", a la cuenta de tres ella fingió ser libre, la razón por lo que la ministre así, fue para no avergonzarla.

Esto es increíble, pero era algo que estaba de moda, prácticamente a diario orábamos por personas poseídas por espíritus malignos, y algunas personas para llamar la atención imitaban estas cosas. ¿Porque digo esto? Porque aunque nos cueste trabajo creerlo, hay muchas personas que fingen ministrar el poder de Dios en otro nivel, al igual que hay otras personas que fingen recibir el poder en otro nivel. Juzgue usted, pero lo que escribo es por las experiencias que hemos vivido y por el conocimiento que hemos adquirido. Creo firmemente que ahí donde está usted leyendo este libro, si abre su corazón a Jesús sentirá la presencia de Dios (Salmo 51:17), no será necesario dejarse caer.

*"Con todo esto, su hermana la rebelde Judá no se volvió a mí de todo corazón, sino fingidamente, dice Jehová. Y me dijo Jehová: Ha resultado justa la rebelde Israel en comparación con la desleal Judá. (Jeremías 3:10-11)*

Aunque Israel le fue infiel a Jehová, con todo, dice el Señor que ha resultado justa en comparación del fingimiento que realizó su hermana Judá. Al señor no le gusta que finjan (Apocalipsis 3:15-16), servirle de una manera que el no ordenó.[43] Acordémonos de aquellos sacerdotes que ofrecieron fuego extraño, no realizaron el sacrificio como el Señor lo mandó. *"Nadab y Abiú, hijos de Aarón, tomaron cada uno su incensario, y pusieron en ellos fuego, sobre el cual pusieron incienso, y ofrecieron delante de Jehová fuego extraño, que él nunca les mandó. Y salió fuego de delante de Jehová y los quemó, y murieron delante de Jehová." (Levítico 10:1-2).*

Hacemos una invitación para volverse a Dios de todo corazón a los que ministran así, ya no finjan ministrar un poder que no está ahí, para ofrecer al Señor un verdadero culto de adoración. No ofrezcamos cosas extrañas que Dios no mandó, pues, Nadab y Abiú murieron por el fuego de Jehová. El fuego ya está preparado para todos aquellos que no ofrecen lo que el Señor está pidiendo.

*"Por eso, hermanos míos, ya que Dios es tan bueno con ustedes, les ruego que dediquen toda su vida a servirle y a hacer todo lo que a él le agrada. Así es como se le debe adorar. Y no vivan ya como vive todo el mundo. Al contrario, cambien de manera de ser y de pensar. Así podrán saber qué es lo*

---

[43] Las doctrinas y comportamientos extraños se han convertido en algo tan común en el movimiento carismático que ya apenas aparecen en los titulares. Las practicas no bíblicas… caer de espaldas al suelo, reír sin control o retorcerse en el piso son vistas como elementos necesarios para que el Espíritu se esté moviendo. You Tube tiene una colección interminable de tonterías carismáticas que es francamente blasfema: congregaciones enteras que hacen "el baile Hokey Pokey del Espíritu Santo", gente simulando inhalar el Espíritu Santo y ponerse eufórica, como si fuera un cigarrillo de mariguana invisible, y mujeres retorciéndose en el suelo, imitando el proceso de dar a luz. Los pasados de moda que tomaban serpientes con sus manos parecen inofensivos en comparación. Es algo salvaje y sin sentido, sin embargo, se le atribuye sin reparos al Espíritu Santo de Dios, como si fuera el autor de la confusión y el arquitecto del desorden. John MacArthur, **Fuego Extraño** (Nashville, EE.UU: Grupo Nelson, 2014), 22-23.

*que Dios quiere, es decir, todo lo que es bueno, agradable y perfecto."*
*(Romanos 12:1-2 BLS)*

Lo que quiero decir es que hoy en día, vemos mucha gente cayendo a tierra en los cultos, sobre todo cuando hay predicadores o videntes sin entendimiento o sin temor a Dios, y nos damos cuenta que no están siendo tocados por el Espíritu Santo. Como también nos damos cuenta que muchos videntes y falsos profetas empujan a las personas para que caigan, ¡que fraude! El Señor Jesucristo tenga misericordia de quienes realizan estas prácticas sin temor a Dios.

*¡Dios tenga misericordia de esta generación sin mensaje!*

Sé que muchos no estarán de acuerdo con esto y es muy probable que algunos me aborrezcan, espero que no sea así, siempre estaremos en la mejor disposición de ayudar o de reflexionar. Por lo pronto, escribo en el entender del mensaje eterno de Dios, la Biblia. *"Cada palabra que Dios pronuncia tiene poder y tiene vida. La Palabra de Dios es más cortante que una espada de dos filos, y penetra hasta lo más profundo de nuestro ser. Allí examina nuestros pensamientos y deseos, y deja en claro si son buenos o malos."* (Hebreos 4:12 BLS).

## 2. Así ministraba el apóstol Pedro.

En la Biblia se percibe otra manera de ministrar, si ponemos de ejemplo a Jesús antes o después de cada milagro, aprovechaba la oportunidad para enseñar. Inclusive si no había sanidad de algún enfermo, el Señor predicaba su palabra.

Pedro después de recibir el Espíritu Santo como ya lo vimos anteriormente, aprovecha para predicar el evangelio de Jesucristo. Cuando Pedro y Juan oran por el cojo y este recibe sanidad, los ojos de todo el pueblo estaban puestos en ellos, es decir, el pueblo se les entregó, pero ellos rechazaron tal ofrecimiento diciendo: *"Varones israelitas, ¿por qué os maravilláis de esto? ¿O por qué ponéis los ojos en nosotros, como si por nuestro poder o piedad hubiésemos hecho andar a éste? El Dios de Abraham, de Isaac y de Jacob, el Dios de nuestros padres, ha glorificado a su Hijo Jesús, a quien vosotros entregasteis y negasteis delante de Pilato, cuando éste había resuelto ponerle en libertad. Mas vosotros negasteis al Santo y al Justo, y pedisteis que se os diese un homicida, y matasteis al Autor de la vida, a quien Dios ha resucitado de los muertos, de lo cual nosotros somos testigos. Y por la fe en su nombre, a éste, que vosotros veis y conocéis, le ha confirmado su nombre; y la fe que es por él ha dado a éste está completa sanidad en presencia de todos vosotros". (Hechos 3:12-16).*

¡Qué hermoso!, a diferencia de muchos falsos profetas y videntes que anhelan que los ojos de la gente estén puestos en ellos y recibir todos los aplausos, como si el poder viniera de ellos y no de Dios. Vemos que Pedro no aprovechó para seguir ministrando o impartiendo el poder del Espíritu Santo, más bien, aprovechó el momento para predicarles de Cristo (darles el mensaje). Como decía Juan el Bautista es necesario que él crezca, pero que yo mengüe (Juan 3:30).

Cuando el Señor hace algo, es porque él quiere hablar, está diciendo aquí estoy, cuando Dios habla está buscando comunión con su pueblo o invitando a los no creyentes a tener esta comunión (1 Corintios 14:24-25). En este caso, la predicación produjo comunión entre Cristo y los que fueron bautizados, por cuanto creyeron a la palabra. Hoy día, mucha gente se va de los cultos sin mensaje, sin comunión, sin salvación. Sintiendo bonito, pero sin entendimiento de Dios.

Tenemos el ejemplo de Pedro y Cornelio en Hechos capitulo diez. Un ángel del Señor aparece a Cornelio y le dice que vaya por Pedro para que le predique el mensaje de salvación, que tan importante será la misión de la predicación del evangelio, que un ángel no le expuso el evangelio por cuanto es la misión de la iglesia, si la iglesia no predica el mensaje, ¿Quién lo hará?

Pedro atiende la invitación para ir a la casa de Cornelio y así predicarles de Cristo. Cuando el apóstol llega a la casa de Cornelio, este se postra a los pies de Pedro y adora, a lo que Pedro responde: *"Levántate, pues yo mismo también soy hombre."* Aquí nos percatamos del entendimiento que el apóstol tenía acerca de su misión como instrumento de aquel que le había llamado.

Cuando Cornelio le explica todo a Pedro, este comienza a predicarles el evangelio de Cristo, todavía estaba hablando cuando el Espíritu Santo descendió sobre todos los que estaban reunidos, la evidencia eran lenguas y otros que glorificaban a Dios. Los cuales fueron bautizados en el nombre de Jesucristo.

Nos damos cuenta del poder que tiene el mensaje de la palabra de Dios, cuando las cosas se hacen dándole el primer lugar a Cristo él te respalda, no se necesita manipular, hacer o decir, el Señor obra en aquellos corazones que se disponen para él. Pedro no ocupó decir háganle así, o de esta otra forma, etc. Hay poder en la palabra de Dios cuando esta entra en un terreno fértil (Marcos 4:20). Recordemos que no es de todos el creer, por más que alguien grite, salte, etc., si la persona no abre su corazón, no acontecerá nada.

Podríamos poner más ejemplos, pero creo que se entiende el punto, en otras palabras Pedro no movía al Espíritu Santo, el Espíritu Santo movía a Pedro.

En conclusión podemos decir que las escrituras abren el entendimiento para no caer en lazo del diablo, hay falsos profetas, evangelistas, pastores, videntes, "apóstoles", etc. Que engañan a la gente haciéndoles creer que gracias a su consagración actúan esos poderes en ellos, sin embargo, sabemos que son dones que da el Espíritu Santo (1 Corintios 12).

El problema es que, mientras crean que el don que actúa en ellos es por su aprobación delante de Dios, sin verificar lo que enseñan y lo que viven, serán muy fácil de engañar en los últimos tiempos, pues, también satanás realiza señales, así que, es de vital importancia amar la verdad, entenderla y practicarla.

*"inicuo cuyo advenimiento es por obra de Satanás, con gran poder y señales y prodigios mentirosos, y con todo engaño de iniquidad para los que se pierden, por cuanto no recibieron el amor de la verdad para ser salvos. Por esto Dios les envía un poder engañoso, para que crean la mentira, a fin de que sean condenados todos los que no creyeron a la verdad, sino que se complacieron en la injusticia." (2 Tesalonicenses 2:9-12).*

# Capítulo 7
# Tú eres mi boca

*No es fácil presentarse delante de los enemigos y brindarles el mensaje del Señor. El temor al rechazo es una constante en los que son llamados al oficio de profeta, como Moisés que no deseaba volver a Egipto porque tenía temor que no le creyeran (Éxodo 4:1). No es fácil presentarse delante de aquellos que ya te conocen y darles un mensaje de parte de Dios, pues, como dijo Cristo no hay profeta sin honra, sino, en su propia tierra (Marcos 6:4).*

# Tú eres mi boca

*"Por tanto, así dijo Jehová: Si te convirtieres, yo te restauraré, y delante de mí estarás; y si entresacares lo precioso de lo vil,* **serás como mi boca.** *Conviértanse ellos a ti, y tú no te conviertas a ellos." (Jeremías 15:19).*

## I. El costo del llamado al oficio de profeta.

Sin duda, no es fácil aceptar el llamado a este poderoso y difícil ministerio. Lo podemos ver en Jeremías cuando el Señor lo llama desde temprana edad, lo cual parecía una buena excusa para Jeremías, ya que no se sentía calificado para esta gran misión. Sin embargo, de una cosa podemos estar seguros, Dios no se equivoca. Él sabía que el joven iba a obedecerle, por eso el Señor le dijo: *"No digas: Soy un niño; porque a todo lo que te envíe irás tú, y dirás todo lo que te mande. No temas delante de ellos, porque contigo estoy para librarte, dice Jehová." (Jeremías 1:7-8).*

Podemos ver dos cosas muy importantes sobre los candidatos al llamado. El Señor sabía que Jeremías sería un siervo obediente, que a donde lo enviara el iría, y hablaría todo lo que él le dijera. Estimado lector, ser un profeta del Todopoderoso es estar dispuesto a realizar cualquier tarea que él le mande, no se trata solamente de predicar o ver las cosas ocultas de otras personas, e ir a donde lo inviten. Aquí hay sacrificio para llevar el mensaje a donde él lo mande, debe tener una obediencia incondicional.

Recuerdo cuando un pastor me comentó que en cierta ocasión estaba muy triste, se encontraba en una crisis emocional, y me testificó como Dios le había hablado a través de un siervo (profeta). Me llamó la atención que el profeta fue a visitarlo desde otro estado y él lo invito a predicar en su iglesia (ya se conocían), durante el culto el hermano predicó y ministró. Al día siguiente, me comentó que el profeta le dijo que el Señor lo había mandado a darle una palabra, cuando el siervo de Dios comenzó a hablar, el pastor y su esposa lloraron y fueron sanadas sus almas. Era lo que ellos necesitaban.

El profeta del Señor no usó en esta ocasión el púlpito para darle la palabra al pastor, él ya tenía indicaciones de parte del Espíritu Santo para hablarle a solas, junto con su esposa. Me comenta que gracias a eso pudieron desahogarse completamente. Cuando se realizan las cosas como Dios manda, el propósito de Dios se cumple, aunque el profeta no aparezca en escena (2 Reyes 5:9-14). Es ahí donde el Profeta se convierte en su boca.

Cuando se tiene comprensión de estas cosas, de lo que significa renunciar a tu vida, tus anhelos, propósitos, etc. Para cambiarlos por los del Señor, comprendes que Dios te enviará a lugares que no quieres ir, como Jonás que huyó de la presencia de Dios, porque no quería predicarle a sus enemigos para que se salvaran (Jonás 1:1-3). Como Ananías que tenía miedo predicarle a Saulo de Tarso (Hechos 9:10-17).

No es fácil presentarse delante de los enemigos y brindarles el mensaje del Señor. El temor al rechazo es una constante en los que son llamados al oficio de profeta, como Moisés que no deseaba volver a Egipto porque tenía temor que no le creyeran (Éxodo 4:1). No es fácil presentarse delante de aquellos que ya te conocen y darles un mensaje de parte de Dios, pues, como dijo Cristo no hay profeta sin honra, sino, en su propia tierra (Marcos 6:4).

Pero, es más difícil resistirse al Señor cuando te ha mostrado sus propósitos. Algunos profetas cuando fueron llamados se opusieron, porque entendían el costo, sacrificio, renuncia y constancia que este ministerio requiere. En el capítulo 15:15-20 de Jeremías nos encontramos que el profeta se está quejando de su misión, sentía que era poca la influencia que provocaba en los hijos de Israel y al parecer el pueblo estaba influenciando más en el (Jeremías 15:15-19).

No obstante, el Señor le responde a Jeremías, "si entre sacares lo precioso de lo vil", en otra versión dice: *"Si dejas de hablar tonterías, y comienzas a anunciar lo que realmente vale la pena, entonces tú serás mi profeta." (BLS)*. Jeremías se quejaba de que las cosas no iban bien para él, el hecho de ser su portavoz le había traído aflicción y rechazo, a Jeremías se le conoce como el "profeta llorón".

Así, me ha tocado escuchar a muchos supuestos evangelistas porque no los invitan a predicar, pero el que es evangelista no necesita invitación para evangelizar. Muchos profetas y videntes están esperando una convención para predicar o dar mensajes sobre cosas ocultas y futuras, pero el profeta es enviado por Dios a donde él lo necesita, no debe esperar una invitación o plataforma para anunciar el mensaje que el Señor le ha dado.

He conocido a muchos que se mueven en el área profética de la predicación o la videncia, y la mayoría suelen ser irresponsables, llegan tarde a los cultos, faltan en demasía los domingos para predicar en otro lugar (¿en qué momento ellos son ministrados por la palabra?). No asisten a actividades pensadas en ellos como ministros o por el don que desempeñan, creen tal vez que ya lo saben todo, pero por su conducta nos percatamos que saben muy poco de lo que representa ser un mensajero de Jesucristo.

Estimado amigo, deja de culpar a todos porque no se cumplen tus expectativas, humíllate delante del Señor y busca su voluntad. Deja de hablar cosas vanas y comienza hablar lo que en verdad vale la pena (lo que edifica, exhorta y consuela), la palabra de Dios. Entonces dice el Señor: serás mi profeta, serás como mi boca. ¿Quieres serlo? Comienza hoy. Levántate y sé de bendición para tu congregación, para tu comunidad, sé de edificación para donde Dios te envíe.

## A) Testimonio del llamado al oficio de profeta.

Hace tiempo un joven oraba para que Dios lo usara, el deseaba conocer cuál era el don que el Espíritu Santo le había dado, era un culto de miércoles pero no recibió respuesta, al llegar a casa decepcionado su mamá que también era cristiana le dijo: hijo, hoy en el culto el Señor me dijo que te había dado "un tesoro".

Esto de momento lo alentó, pero después volvió a preguntar y ¿Cuál será ese tesoro? Al siguiente miércoles en el culto, en la banca de más atrás volvió a preguntarle a Dios ¿Cuál era ese tesoro, que le había dado? Cuando de pronto escucho la voz del Señor hablando a su mente de forma clara, haciéndole una pregunta: ¿quieres ser un predicador? El joven contesto en su pensamiento que sí, vino la segunda vez la voz de Dios a su mente más fuerte con la misma pregunta ¿quieres ser un predicador? Y él dijo en su mente nuevamente que sí, le habla el Señor la tercera vez solo que en esta ocasión era más fuerte que las anteriores con la misma pregunta ¿quieres ser un predicador? El ya no pudo contestar con la mente, era un fuego en su interior y gritando con lágrimas en los ojos delante de otros jóvenes que no sabían que pasaba, exclamo: ¡sí Señor!, ¡si quiero!, ¡si quiero ser un predicador!

En ese momento se hizo un llamado para pasar al altar y cuando el joven llegó al altar, recibió un regalo, comenzó a revelársele su primer sermón, los textos bíblicos que ya había leído comenzaron a pasar por su mente, acomodándose cada uno en su lugar y entendiendo lo que tenía que explicar de cada uno.

Aunque aquel joven no entendía a ciencia cierta de que se trataba, estaba contento con ser un predicador, el joven había prometido que si Dios le revelaba el don que le había dado, haría todo lo posible por consagrarse para que ese don fuera usado a su máximo potencial. Comenzó a orar más, a ayunar más, a leer con más detenimiento la Biblia, la palabra de Dios era un alimento deleitoso para él, no podía dejar de leer y leer más las escrituras.

A las semanas en la casa del joven se encontraban varios hermanos orando, otros jóvenes se fueron de la oración a practicar un deporte, pero el joven aunque fue convidado decidió quedarse, cuando tenían algunos 20 minutos de oración una hermana se le acerca y poniendo la mano en su boca le dice: "así dice el Señor: tú eres mi boca", aquel joven comenzó a llorar, entendiendo que Dios lo había escogido para ser su profeta. *"Fueron halladas tus palabras, y yo las comí; y tu palabra me fue por gozo y por alegría de mi corazón; porque tu nombre se invocó sobre mí, oh Jehová Dios de los ejércitos." (Jeremías 15:16).*

Mientras lloraba y seguía orando recordó que hacía algunos años en una actividad una mujer había orado por él y le había dicho: dice el Espíritu Santo, que él te ha hecho ministro y profeta. Aquel joven cuando recibió esta palabra entendió en su espíritu que el Señor lo estaba llamando a ser pastor y proclamador de su palabra.

Posteriormente, en otra oración, otra hermana se le acerca y le dice al joven tomándole de la boca nuevamente, dice el Señor: tú eres mi boca. Muchas cosas cambiaron en la vida de este joven llamado al ministerio profético, no tuvo un mentor, pero poco a poco comenzó a entender el ministerio, aunque esto llevó muchos años.

## 1. Dios contesta con su palabra.

Cuando aquel joven oraba, le preguntaba a Dios sobre ciertos temas, e inmediatamente recibía textos bíblicos en su mente que respondían aquellas inquietudes, dice este joven que él decía en su mente: Señor, ya no me contestes, ya me acorde de algunos textos que responden mi pregunta. El esperaba que Dios le contestara con voz audible, él no sabía que Dios hablaba al pensamiento. Así duró algunos años, pensando que era su mente quien le respondía, hasta que comprendió que era el Espíritu Santo quien revelaba sus dudas con su palabra.

Este joven comenzó a predicar, Dios lo respaldaba en sus predicaciones, había cultos donde la gente lloraba mientras el aún seguía hablando, en ocasiones la mayoría, a veces unos cuantos. Lo felicitaban por ser tan joven y predicar con ese fervor y entendimiento (Jeremías 15:16). Hasta este punto él creía que su don no se desarrollaba, pues tenía la concepción de que ser profeta era solo recibir revelación de cosas secretas o predecir el futuro.

No tuvo un mentor que le dijera: las palabras del Señor están en tu boca, los mensajes que das a la iglesia son de edificación, exhortación y consolación. Con todo, a corta edad fue llamado a ser pastor, donde siguió viendo la mano poderosa de Dios en sus predicaciones. Todavía sigue predicando la verdad, no sé si con el mismo respaldo de Dios, pero si con el temor de Dios de hablar lo que él le manda (al menos eso es lo que he sabido).

Hace poco me comentaron unos hermanos que lo escucharon predicar en la iglesia que pastorea, estaban admirados por el Rhema que tiene de la escritura, me gocé al escucharles, es la palabra de Dios en su boca. La verdad, ardía mi corazón con lo que decían. Está donde Dios lo puso, no está buscando fama, sino, solo hacer la voluntad de Dios. No es muy conocido, ni invitado con frecuencia a eventos importantes, pero entiende que un profeta no solo debe ser un portador de la voz de Dios, sino, también hacer, ir, decir, estar, etc. Donde Dios le ordene que esté.

Es una persona que se ha preparado, no deja las cosas a lo que el Señor le muestre, él le prometió que se esforzaría por hacer todo lo que estuviera a su alcance para que el don que Dios le había dado sea usado en su máximo potencial. La iglesia donde se predica el evangelio completo de Cristo, es una iglesia con profecía. Dios quiera que más profetas como este joven acepten el llamado y con temor de Dios realicen su voluntad, que estén dispuestos a renunciar a este mundo, dispuestos a ser la voz de Dios.

# Capítulo 8

# Reconociendo a los verdaderos profetas

*"Y él mismo constituyó a unos, apóstoles; a otros, profetas; a otros, evangelistas; a otros, pastores y maestros, a fin de perfeccionar a los santos para la obra del ministerio, para la edificación del cuerpo de Cristo, hasta que todos lleguemos a la unidad de la fe y del conocimiento del Hijo de Dios, a un varón perfecto, a la medida de la estatura de la plenitud de Cristo; para que ya no seamos niños fluctuantes, llevados por doquiera de todo viento de doctrina, por estratagema de hombres que para engañar emplean con astucia las artimañas del error, sino que siguiendo la verdad en amor, crezcamos en todo en aquel que es la cabeza, esto es, Cristo, de quien todo el cuerpo, bien concertado y unido entre sí por todas las coyunturas que se ayudan mutuamente, según la actividad propia de cada miembro, recibe su crecimiento para ir edificándose en amor." (Efesios 4:11-16)*

# Reconociendo a los verdaderos profetas

*"... y que no puedes soportar a los malos, y has probado a los que se dicen ser apóstoles, y no lo son, y los has hallado mentirosos..." (Apocalipsis 2:2)*

## I. Discerniendo con la escritura al profeta verdadero.

La iglesia de Éfeso era una congregación fiel y esforzada, pese al sufrimiento que habían soportado por el nombre de Cristo. El Señor elogia su trabajo y resalta el esfuerzo especial que realizaba, poniendo a prueba la veracidad de los que se decían ser apóstoles y no lo eran. Esto, en verdad le agradaba. Claro que no era una tarea fácil. La palabra "Apóstol[44]" significa "enviado".

Menciona el Señor que la iglesia "los halló mentirosos", es decir, los tomó como falsos hombres que se autonombraban los "elegidos" o "enviados" por Dios, para sacar provecho de los más ingenuos. Seguramente, muchos, no nos preocupamos por descubrir la veracidad o falsedad de los que se dicen ser los nuevos guías espirituales, o líderes de la iglesia. Rol que ha tomado desde hace algunas décadas los ministerios proféticos.

En estos tiempos, la iglesia se ha relajado en la supervisión de los ministerios de renombre y que tienen gran influencia sobre los cristianos, como lo son el apóstol, el profeta, el evangelista, el pastor y maestro (Efesios 4:11). Nos parece cosa liviana que alguien se levante autoproclamándose ser alguien, y llevando tras

---

[44] Se reserva con estricto rigor el ministerio de "Apóstol" para la iglesia apostólica del primer siglo. Ya que uno de los requisitos para ser Apóstol era haber visto a Jesús resucitado, cosa que a excepción de Pablo es imposible; hasta que él vuelva. Así que los que en la actualidad ostentan ser Apóstoles, son falsos.

de sí un gran número de personas, que terminarán seguramente cuando el tal apóstol o profeta manifieste su mentira (Hechos 5:35-37).

Me parece que el motivo principal, por el que no nos hemos querido convertir en jueces de estos ministerios, es por temor a ser hallados luchando contra Dios (Hechos 5:38-39). Este temor es originado por la falta de discernimiento, precisamente por el desconocimiento que tenemos sobre estos ministerios, y este desconocimiento es producto de una falta de estudio bíblico, pues, en las escrituras encontramos la respuesta a todos estos temas.

Así que vamos a dar algunos consejos bíblicos para detectar a los falsos apóstoles, profetas o todo aquel que pretenda ser enviado del Señor, para atraer a las personas detrás de ellos y no de Jesucristo. Debemos tener interés porque no sea blasfemado el nombre de Dios y que su palabra no sea adulterada. Debemos tener preocupación porque la iglesia no se aparte del evangelio de Cristo.

Podemos percatarnos de falsos maestros, apóstoles, profetas, etc. A través de la misma Biblia. Por ejemplo, Jesús nos enseña que el falso, da frutos malos. Estos frutos podrían ser: predicar un mensaje falso, no andar conforme a la piedad (profesar mundanalidad), vanagloria, avaricia, egolatría, manipulación, auto empoderamiento, rebeldía (no estar en sujeción), etc.

Aún, conociendo todo esto, nos falta saber cuál es la verdadera misión del profeta, es decir, no vamos a enfocarnos en lo negativo, sino más bien, en lo que se espera de un verdadero enviado del Señor. ¿Cuáles son los frutos que se esperan de ellos?, esto nos ayudará con mayor facilidad a darnos cuenta, que todo aquel que no realiza lo que se espera que haga, no anda conforme a la voluntad de Dios (1 Timoteo 4:6; Efesios 4:11-16; Santiago 4:17).

## A) La iglesia de Éfeso conocía muy bien los ministerios de liderazgo.

*"Y él mismo constituyó a unos, apóstoles; a otros, profetas; a otros, evangelistas; a otros, pastores y maestros, a fin de perfeccionar a los santos para la obra del ministerio, para la edificación del cuerpo de Cristo, hasta que todos lleguemos a la unidad de la fe y del conocimiento del Hijo de Dios, a un varón perfecto, a la medida de la estatura de la plenitud de Cristo; para que ya no seamos niños fluctuantes, llevados por doquiera de todo viento de doctrina, por estratagema de hombres que para engañar emplean con astucia las artimañas del error, sino que siguiendo la verdad en amor, crezcamos en todo en aquel que es la cabeza, esto es, Cristo, de quien todo el cuerpo, bien concertado y unido entre sí por todas las coyunturas que se ayudan mutuamente, según la actividad propia de cada miembro, recibe su crecimiento para ir edificándose en amor." (Efesios 4:11-16)*

Este pasaje bíblico nos da el perfecto ejemplo de la misión principal que debe tener un apóstol, profeta, evangelista, pastor o maestro. Aquí vamos a descubrir en que consiste su ministerio, cada uno en su lugar y momento, pero con el mismo propósito. Vamos a comenzar desglosando estos párrafos que nos brindaran mucha luz para probar a los verdaderos predicadores (Apóstoles, profetas, evangelistas, pastores y maestros).

### 1. la finalidad de los ministerios de liderazgo.

*"… a fin de perfeccionar a los santos para la obra del ministerio, para la edificación del cuerpo de Cristo, hasta que todos lleguemos a la unidad de la fe y del conocimiento del Hijo de Dios, a un varón perfecto, a la medida de la estatura de la plenitud de Cristo…"*

El apóstol Pablo enseña a los cristianos de la iglesia en Éfeso sobre el trabajo de estos ministerios, los cuales están ahí con la finalidad de "perfeccionar a los santos"; la meta es que los creyentes lleguen a una convicción de fe que los una por el mismo pensamiento acerca de Cristo (Filipenses 3:16). Actualmente, encontramos muchas diferencias de pensamientos acerca de Cristo en una misma congregación, aquí es donde estos ministerios deben ayudar a poner en claro los conceptos o principios bíblicos, para que no haya divisiones. Pero, si no tienen el mensaje (la doctrina de Cristo), nunca podrán hacerlo, al contrario, terminaran dividiendo la congregación.

Por lo tanto, habiendo dicho lo anterior, tenemos como evidencia que los ministerios mencionados en el pasaje bíblico se preocupaban por establecer la unidad de la fe, a través de la enseñanza del evangelio. Ya hemos mencionado que la "fe" en algunos contextos significa "doctrina" como en este caso. Esta unidad era fortalecida por conocer y predicar el mismo mensaje en la iglesia y el mundo.

Así que cualquiera que ostenta un ministerio como los antes mencionados, si sus enseñanzas están causando división en la iglesia ya están reprobados. Aquí quiero dejar claro algo muy importante, los que causan división, son aquellos que llegan a las congregaciones con un mensaje diferente al que está en las sagradas escrituras o un mensaje manipulado para beneficios personales.

En ocasiones los apóstoles del Señor Jesucristo tuvieron que ser firmes en sus enseñanzas, aunque algunos que buscaban un fin personal se molestaban y se separaban de la iglesia. Los cuales al no amar la voluntad de Cristo, no se apartaron o dividieron, más bien, nunca fueron de nosotros, porque nunca fueron verdaderos creyentes del evangelio de Cristo. *"Salieron de nosotros, pero no eran de nosotros; porque si hubiesen sido de nosotros, habrían permanecido con nosotros; pero salieron para que se manifestase que no todos son de nosotros." (1 Juan 2:19).*

Es por ello que Pablo afirma que es necesario que estos ministerios enseñen a la iglesia cada día de Cristo, pues, el poner la atención en él nos llevará a un crecimiento genuino, como dice: *"hasta que todos lleguemos a la unidad de la fe y del conocimiento del Hijo de Dios, a un varón perfecto, a la medida de la estatura de la plenitud de Cristo".* Es decir, estos ministerios tienen la misión de enseñarnos toda la verdad tocante a Cristo, su doctrina y supervisar que la iglesia cumpla con ello, para un crecimiento espiritual y un discernimiento de la verdad, que nos permita obviar la mentira de los falsos predicadores.

## 2. El resultado de un ministerio que enseña y supervisa el mensaje.

*"...para que ya no seamos niños fluctuantes, llevados por doquiera de todo viento de doctrina, por estratagema de hombres que para engañar emplean con astucia las artimañas del error, sino que siguiendo la verdad en amor, crezcamos en todo en aquel que es la cabeza, esto es, Cristo..."*

El resultado de perfeccionar a la iglesia en el conocimiento del evangelio de Cristo y supervisar que los creyentes lo cumplan, es que ya no serán fácilmente engañados por hombres que emplean las artimañas del diablo para confundir a los santos con doctrinas falsas.

Debemos estar seguros en qué hemos creído, no es solamente decir, "yo creo en Cristo", sino, también, creo y vivo en las enseñanzas de Cristo. No se trata de estar viendo que enseñan las otras doctrinas o los otros apóstoles o profetas, etc. Sino más bien, ¿Qué enseña Cristo? ¿Cómo debemos vivir según sus enseñanzas? Si nos enfocamos en él, sabremos que todo lo que no entra en el filtro bíblico, no es de él. Así que teniendo la verdad, debemos seguirla con amor para crecer como verdaderos hijos de Dios.

Hoy con tristeza podemos observar muchos movimientos neo pentecostales y mucho de este movimiento, impregnándose en las iglesias de sana doctrina. Esto pasa porque dejamos de poner atención en las escrituras, para ponerla en el hombre, consultamos a los falsos apóstoles, profetas, evangelistas, pastores y maestros. Tenemos la responsabilidad de comprobar por nosotros mismos en la Biblia, si lo que ellos nos enseñan es verdad.

Mucha culpa de que todas estas doctrinas erróneas se adopten, tiene que ver con la poca responsabilidad de los pastores, que por tener gente, siguen invitando a predicadores que atraen a muchos creyentes, para llenar las iglesias, aun conociendo que sus doctrinas o formas de ministrar son dudosas. Pero somos nosotros, como líderes religiosos, a los que se nos encomendó adoctrinar correctamente a la iglesia. Nosotros les enseñamos que confiaran en ellos (falsos predicadores), más que en las escrituras.

Damos gloria a Dios por todos aquellos líderes que son temerosos del Señor, que no se atreverían a enseñar una falsa doctrina o mutilar una parte de la Biblia, por un beneficio personal. Que su discurso no se ciñe solamente de un solo tema, sino, de toda la escritura; que con amor y poder, predican el mensaje que la iglesia necesita aprender para su edificación y crecimiento espiritual. Mi señor Jesucristo los bendiga siempre y los siga usando para gloria de su nombre.

## 3. La responsabilidad de la iglesia de Éfeso.

El comentario siglo XXI, nos habla acerca de una virtud que Dios reconoce de la iglesia en Éfeso, ya que siempre tuvieron precaución de evitar los falsos maestros, veamos como lo describe:

*Aquí introduce un encomio. Las obras de los efesios eran arduo trabajo y… perseverancia; lo primero se muestra en <u>los esfuerzos para vencer a los falsos maestros</u>, y lo segundo en la persistencia ante la oposición tanto de los falsos profetas como de otras fuentes. "Los malos son aquellos que dicen ser apóstoles y no lo son."*[45]

Podemos ver el esfuerzo de la iglesia de Éfeso por no permitir ser engañados por falsos ministerios, la clave está en la frase "que no puedes soportar a los malos", la palabra "soportar" viene del griego "bastazo"[46] *que significa <u>"rechazo a soportar hombres malos"</u>.* Esta palabra tiene que ver con una carga imposible de llevar, así debe ser nuestro celo por los hombres malos, que le roban las ovejas y la gloria a nuestro Señor Jesucristo.

La iglesia de Éfeso pudo comprobar la falsedad de hombres malos que mentían para beneficio personal, sobre un ministerio que tenía mucho peso. En este caso, gracias al apóstol Pablo, quien como verdadero siervo de Jesucristo, les enseño anticipadamente cual debía ser la labor y los frutos que un verdadero apóstol, profeta, evangelista, pastor y maestro, tenían que desempeñar y manifestar.

No debemos cargar con el peso de la falsedad, pues, está siempre terminará aplastándonos, influyendo rápidamente en muchos creyentes que carecen de discernimiento en las escrituras y no saben probar los espíritus (1 Juan 4:1). Debemos ser más

---

[45] Wenham G.J. Comentario Siglo XXI, (S.I. Editorial Mundo Hispano, 2003).
[46] Diccionario Strong, s.v. "Soportar".

responsables en cuanto al conocimiento del evangelio de Cristo, la carga que el Señor impuso a la iglesia es aprender de las escrituras (mateo 11:28-30) y de aquellos verdaderos siervos del Señor (1 Corintios 11:1).

La responsabilidad que el Señor les dio a estos ministerios, es capacitar a la iglesia con el conocimiento del evangelio de Cristo, y vigilar que los creyentes vivan este mensaje. Este es un peso que no debemos dejar, de ello depende el buen funcionamiento de la iglesia; las escrituras son el cimiento, sin ellas todo se vendrá abajo, pero con ellas todo se sostendrá, aunque la asamblea sea golpeada por influencias mundanas (Mateo 7:24-27).

Podemos ver que Dios se agrada de ello, por lo tanto, debemos poner atención a este problema, porque es un mandamiento del Señor, Jesús nos dice en su palabra que tengamos cuidado (Mateo 7:15), al igual nos dice que aunque algunos tengan el don (Mateo 7:21-23), si no enseñan conforme a la doctrina de Cristo, no son de él, no los escuchen. Pues hoy en día tenemos muchos falsos apóstoles, profetas, evangelistas, pastores y maestros sin mensaje.

## B) La severidad de la iglesia de Éfeso contra los que erraban.

*"Pero tengo contra ti, que has dejado tu primer amor." (Apocalipsis 2:4)*

Muchos predicadores afirman que la frase "has dejado tu primer amor", se refiere a un desinterés por Dios, sin embargo, encontramos muchos argumentos para pensar que no es así, como en la siguiente frase: *"has trabajado arduamente por amor de mi nombre"* (Apocalipsis 2:3). Entre otras afirmaciones ya conocidas en los primeros versículos del mensaje a la iglesia de Éfeso.

La mayoría de los comentarios bíblicos afirman que se trata de una pérdida de amor fraternal, es decir, entre los miembros de la iglesia. Al parecer provocado por los errores que habían encontrado en muchos que trataron de engañarlos, como los apóstoles falsos, la doctrina de los nicolaítas, etc.

Se cumplió lo que el Señor Jesucristo mencionó cuando dijo: y por haberse multiplicado la maldad el amor de muchos se enfriará. *"Muchos tropezarán entonces, y se entregarán unos a otros, y unos a otros se aborrecerán. Y muchos falsos profetas se levantarán, y engañarán a muchos; y por haberse multiplicado la maldad, el amor de muchos se enfriará. Mas el que persevere hasta el fin, éste será salvo."* (Mateo 24:10-13)

Al estar tanto tiempo a la defensiva de hombres falsos y perversos, el amor se fue enfriando en la comunidad cristiana de esta iglesia. *"En esto conocerán todos que sois mis discípulos, si tuviereis amor los unos con los otros."* (Juan 13:35). Poco a poco fueron perdiendo sin darse cuenta, la esencia del cristianismo (1 Corintios 13:1-13).

El Señor les manda que se arrepientan y se den cuenta donde han caído, ¡cómo siendo una iglesia tan esforzada y defensora de la verdad, habían perdido algo tan importante en el camino: el amor fraternal! Con esto queremos dar a entender, que pese a las personas falsas que encontremos en el camino, nuestro corazón no debe guardar rencor, no debemos permitir que la maldad enfríe nuestra espiritualidad, para que sigamos guardando la verdad en amor unos con otros.

*"... de quien todo el cuerpo, bien concertado y unido entre sí por todas las coyunturas que se ayudan mutuamente, según la actividad propia de cada miembro, recibe su crecimiento para ir edificándose en amor."* (Efesios 4:16)

Debo mencionar que los falsos profetas deben ser confrontados con la palabra de Dios y ayudados a convertirse de corazón, considerándose a sí mismo, no sea que aquel varón, en verdad creía que estaba en lo correcto. *"Porque el siervo del Señor no debe ser contencioso, sino amable para con todos, <u>apto para enseñar</u>, sufrido; <u>que con mansedumbre corrija a los que se oponen</u>, por si quizá Dios les conceda que se arrepientan para conocer la verdad, y escapen del lazo del diablo, en que están cautivos a voluntad de él."* (2 Timoteo 2:24-26)

*"Con misericordia y verdad se corrige el pecado, Y con el temor de Jehová los hombres se apartan del mal. Cuando los caminos del hombre son agradables a Jehová, Aun a sus enemigos hace estar en paz con él. (Proverbios 16:6-7).*

Creo que todos nos equivocamos y merecemos una segunda oportunidad, por lo menos como iglesia, debemos brindarla a quien desea volverse a Dios de todo corazón. Muchos hombres de Dios, entre ellos algunos profetas cometieron errores y se arrepintieron cuando el Señor les habló.

# Capítulo 9

# Profetas que son de bendición

*"Pero Jehová había dicho a Abram: Vete de tu tierra y de tu parentela, y de la casa de tu padre, a la tierra que te mostraré… y te bendeciré…y serás bendición… y serán benditas en ti todas las familias de la tierra." (Génesis 12:1-3).*

*Abraham obedeció la voluntad de Dios, cuando le mandó salir de su tierra y apartarse de su familia (Mateo 10:37), esto nos permite comprender, como el Señor Jesucristo nos ha llamado a cada uno, a dejar el mundo y aquellas cosas o personas que nos desvían de sus propósitos. Observemos al profeta Abraham renunciando a cierta comodidad, casa, familia, amistades, etc.*

# Profetas que son de bendición

*"Pero Jehová había dicho a Abram: Vete de tu tierra y de tu parentela, y de la casa de tu padre, a la tierra que te mostraré... y te bendeciré... y serás bendición... y serán benditas en ti todas las familias de la tierra." (Génesis 12:1-3).*

## I. Abraham el primer profeta de Fe.

Abraham es la primera persona en ser llamada profeta en la Biblia (Génesis 20:7), además, de que no vivió bajo la ley de Moisés, sino, bajo la ley de la fe (Gálatas 3:6-12). Es por ello un personaje de suma importancia en el Nuevo Testamento, para explicar la justicia por la fe y no por las obras de la ley. Así que, será maravilloso aprender de un hombre que es considerado "el padre de la fe", pero aquí lo veremos como el profeta Abraham.

Sin duda alguna, Abraham es considerado un hombre recto y obediente delante de Dios, pero también es cierto que era un ser humano como cualquier otro, con temores e incertidumbres que en ocasiones le hicieron mentir (Génesis 20:11-12; Santiago 5:17). Así también, es la vida de quienes tienen el don de profecía por videncia o el don de profecía por la predicación de las escrituras, o bien, de aquellos que tienen los dos dones de la profecía.

No es una justificación a los profetas que mienten, pero si quiero dejar claro que son seres humanos, que están expuestos como cualquiera de nosotros a equivocarse, puede ser por temores, vanidades, dinero, etc. Lo importante es que conozcan que el Señor quiere que sean de bendición y no de maldición. Que reconozcan que es en Cristo que serán benditas todas las familias de la tierra, no en nosotros como hombres. Que no deben buscar tener seguidores para sí mismos, sino, para Jesucristo, el único Dios verdadero. Aun hoy, se está a tiempo de recapacitar y ser de bendición para los propósitos de Dios, no para los nuestros.

Te invito a reflexionar un poco sobre la vida del profeta Abraham en los siguientes párrafos:

## A) Las mentiras del profeta Abraham.

*"¿No me dijo él: Mi hermana es; y ella también dijo: Es mi hermano? Con sencillez de mi corazón y con limpieza de mis manos he hecho esto. Y le dijo Dios en sueños: Yo también sé que con integridad de tu corazón has hecho esto; y yo también te detuve de pecar contra mí, y así no te permití que la tocases. Ahora, pues, devuelve la mujer a su marido; porque es profeta, y orará por ti, y vivirás. Y si no la devolvieres, sabe que de cierto morirás tú, y todos los tuyos." (Génesis 20:5-7)*

La Biblia nos muestra que Abraham "mintió" por temor a morir, por causa de la belleza de su esposa, dado que el imaginó que no había temor de Dios en ese lugar; Sin embargo, nos podemos percatar que el adulterio era considerado una falta en Gerar. La facilidad con la que el rey Abimelec creyó la mentira del profeta Abraham es porque era lo que él deseaba oír, no tuvo la responsabilidad de indagar más, de exigir la verdad a Abraham.

Hoy sucede lo mismo; profetas como Abraham por temor a no ser valorados, por temor a no ser respetados, por temor a que sus ministerios mueran, prefieren mentir sin temor a Dios; faltando al respeto a quienes les reciben con bien. Al igual que Abraham, los profetas ya saben lo que la gente quiere y desea, por ello no cuidan lo que Dios les dio (el ministerio) con reverencia y confianza; Prefieren mentir para que no muera su nombre o fama.

Así mismo como Abimelec, los creyentes desean que los profetas les digan lo que quieren escuchar, sin reparos y/o comprobación de que lo que están escuchando es verdad; sino, que sin temor se apresuran a tomar lo que les ponen de frente, ya que es atractivo a sus ojos u oídos. Pero tarde o temprano terminarán dándose cuenta que no recibieron la verdad.

El rey se justifica diciendo que con sencillez de corazón tomó a Sara para allegarse a ella; empero, aunque nuestras intenciones sean buenas, no por ello significa que sean correctas; pero Dios en su misericordia y viendo el corazón del rey, le impidió pecar contra él. Todos aquellos hombres de buen corazón son bendecidos por Dios con la revelación de su voluntad, para que no sigan en el camino del error (2 Pedro 2:7-9). El Señor se manifiesta a ellos con su verdad, mostrándole los errores, aun cuando los falsos profetas hablan en su nombre.

Ahora bien, todo este problema que vemos en el rey Abimelec y su casa, es provocado por la mentira del profeta Abraham. Que importante es cuidar nuestra casa e iglesia de las mentiras de los falsos profetas. Debemos examinar las escrituras para cerciorarnos que lo que escuchamos es de Dios. *"Y éstos eran más nobles que los que estaban en Tesalónica, pues recibieron la palabra con toda solicitud, escudriñando cada día las Escrituras para ver si estas cosas eran así. Así que creyeron muchos de ellos, y mujeres griegas de distinción, y no pocos hombres. (Hechos 17:11-12).*

Quise tomar como ejemplo de profetismo a Abraham, porque en ocasiones podemos ser muy duros al juzgar a los hombres y mujeres que se mueven en este don o ministerio. Abraham ya se había equivocado dos veces de la misma manera, es decir, "mintiendo"; aunque sea el padre de la fe, esto no lo justifica. No obstante, podemos confirmar con toda seguridad, que aun los grandes hombres de Dios se equivocan y pueden reivindicar su vida y ministerio; hasta llegar a ser grandes hombres de fe y amigos de Dios.

Te invito estimado hermano a reflexionar sobre este tema, la mentira no proviene de Dios. *"Vosotros sois de vuestro padre el diablo, y los deseos de vuestro padre queréis hacer…no ha permanecido en la verdad, porque no hay verdad en él. Cuando habla mentira, de suyo habla; porque es mentiroso, y padre de mentira. (Juan 8:44).* La escritura nos enseña que los deseos por los que pudiéramos llegar a la mentira, no provienen de Dios, sino, del mundo (1 Juan 2:15-17). Ahora bien, los que practican la verdad están en Cristo (Juan 14:6).

Cuando mentimos para que no muera nuestro nombre o ministerio, en realidad, ya estamos muerto en nuestros delitos y pecados; delante de Dios hemos fracasado en el ministerio. Pero cuando no tenemos temor a ser rechazados por la verdad del evangelio, nuestro ministerio está cumpliendo su función y el propósito de Dios se está realizando. Ya que, como Abraham, podemos ofrecerle a Dios lo que más amamos (Isaac). ¿Estás dispuesto a hacerlo?

Ya hemos visto que la verdad es Cristo y la mentira es el diablo ¿Cómo puede ser posible estar en la iglesia de Cristo, practicando la mentira? No hay congruencia en esto. Solo imagine al diablo diciendo: "están en la iglesia, oran a Cristo, hablan en su nombre, pero me obedecen a mí". Es por ello que el Señor Jesucristo les dirá a muchos: *"nunca os conocí; apartaos de mí, hacedores de maldad".*

Un servidor espera que este libro sea de reflexión para todos los creyentes, y que muchos ministerios proféticos, puedan restaurar su camino para ser de bendición y no de maldición. ¡Ya no más mentiras! Habla solo lo que Dios quiere, no tengas temor, si por obedecer a Dios dejan de invitarte a predicar, él te necesita en su iglesia, las bendiciones siguen a los que buscan primero el reino de Dios y su justicia (Mateo 6:33).

## B) La renuncia del profeta para ser de bendición.

*"Pero Jehová había dicho a Abram: <u>Vete de tu tierra y de tu parentela, y de la casa de tu padre,</u> a la tierra que te mostraré. Y haré de ti una nación grande, y te bendeciré, y engrandeceré tu nombre, y <u>serás bendición.</u> Bendeciré a los que te bendijeren, y a los que te maldijeren maldeciré; y <u>serán benditas en ti todas las familias de la tierra."</u> (Génesis 12:1-3).*

Abraham obedeció la voluntad de Dios, cuando le mandó salir de su tierra y apartarse de su familia (Mateo 10:37), esto nos permite comprender, como el Señor Jesucristo nos ha llamado a cada uno, a dejar el mundo y aquellas cosas o personas que nos desvían de sus propósitos. Observemos al profeta Abraham renunciando a cierta comodidad, casa, familia, amistades, etc.

La renuncia es algo a lo que los creyentes debemos estar acostumbrados, si deseamos obedecer los mandamientos o comisiones que el Señor nos delega. Todos los seguidores de Cristo tenemos que estar dispuestos a esto. *"El que ama a padre o madre más que a mí, no es digno de mí; el que ama a hijo o hija más que a mí, no es digno de mí; y el que no toma su cruz y sigue en pos de mí, no es digno de mí. El que halla su vida, la perderá; y el que pierde su vida por causa de mí, la hallará." (Mateo 10:37-39).*

Muchos falsos profetas ponen como excusa la familia para justificar su desobediencia a Dios, para no tener que renunciar o sacrificar cosas en las que pierda cierta comodidad, o bien, deje de ganar aquello que su corazón codicia inmoderadamente. En ocasiones dicen: "Dios sabe que mi familia necesita esto", "Dios sabe que tengo deudas", "Dios sabe que yo no sé vivir de otra manera", "Dios sabe que necesito esa bendición", etc.

Por ejemplo, ya habíamos comentado, como algunos predicadores son invitados a predicar a una iglesia modesta, pero si los invitan a otra congregación más grande, cancelan la fecha de la primera, para ir a predicar donde recibirán mayor beneficio económico. Juzgue usted, si esto representa a un seguidor de Cristo. *"haya, pues, en vosotros este sentir que hubo también en Cristo Jesús, el cual, siendo en forma de Dios, no estimo el ser igual a Dios como cosa a que aferrarse, sino que se despojó así mismo, tomando forma de siervo…" (Filipenses 2:5-7).*

Abraham salió por obediencia, sin saber que le deparaba el futuro, con la convicción de que el Señor cumpliría sus promesas y sería de bendición. Aquí aparece una frase clave en el llamamiento del profeta Abraham, y de los seguidores de Cristo "y serás de bendición". El corazón del profeta debe estar dispuesto a ser de bendición, no debe estar buscando que otros sean de bendición para él, sino, más bien, debe estar dispuesto a ser de bendición para la obra del reino de Cristo, obedeciéndole en todo, para que se cumplan sus propósitos.

En ocasiones me encuentro con profetas, videntes, evangelistas, pastores, maestros, etc. frustrados porque no son requeridos con frecuencia en actividades importantes o en congregaciones grandes. Sienten que no están teniendo el éxito deseado cuando sus nombres o fotografías no aparecen en algunas portadas o imágenes en internet para participar en dicho evento.

Sin embargo, es importante entender que el éxito del cristiano o de un ministerio, no radica en las invitaciones a actividades o a congregaciones, sino, en cumplir los mandamientos del Señor, para ser de bendición conforme a sus propósitos y no a los nuestros. El éxito del mundo es cuando tienes fama, dinero, carros, lujos, etc. Pero el éxito del verdadero cristiano es cuando dejas todo esto, para obedecer a Dios en sus mandamientos o lo que él nos encomienda hacer o renunciar, por su Espíritu Santo.

No estamos en contra de las bendiciones que el Señor sabe dar a quienes le sirven de corazón, sino, más bien, nos referimos a que todo hijo de Dios por obediencia está dispuesto a renunciar a cualquier cosa en este mundo por cumplir y obedecer la voluntad de Dios. Como lo hizo el profeta Abraham cuando el Señor le manda dejar todo para ir a otra tierra que él no conocía, o también cuando Dios le pidió a su único hijo diciéndole: *"Toma ahora tu hijo, tu único, Isaac, a quien amas, y vete a tierra de Moriah, y ofrécelo allí en holocausto sobre uno de los montes que yo te diré." (Génesis 22:2).*

Todos sabemos que este capítulo comienza diciendo que Dios está probando a Abraham, para mostrarnos en primer lugar, que ser siervo o profeta del Señor no es tarea fácil, que él nos prueba, tanto a los profetas, como al pueblo que le cree (Deuteronomio 13:1-5). Y en segundo lugar, Dios está probando al profeta Abraham para mostrarnos que aquel que tenía miedo de morir, ahora estaba dispuesto a sacrificarlo todo por amor al Señor.

Que maravilloso sería que aquellos que tenían miedo a perder su posición o su ministerio, ahora estén dispuestos a sacrificarlo todo por amor a Cristo Jesús, quien los llamó. Que cuando los pase por fuego para pesar sus corazones, los halle haciendo peso en el lado correcto de la balanza. Las obras y palabras engañosas e ilusorias no son de Dios (2 Tesalonicenses 2:9-12). Pero sabemos las obras que deben ser practicadas por un siervo del Señor (Efesios 2:10).

Todos estaremos de acuerdo que en esta ocasión, Abraham prefería morir en lugar de su hijo, pero en obediencia a su Dios llevo a cabo todo lo que se le pidió que hiciera; hasta el momento en que extiende el cuchillo y es estorbado por Dios diciéndole: *"No extiendas tu mano sobre el muchacho, ni le hagas nada; porque ya conozco que temes a Dios, por cuanto no me rehusaste tu hijo, tu único". (Génesis 22:12).*

Te pregunto siervo del Señor ¿Ya conoce Dios que le temes, porque no le rehúsas ni siquiera lo único que tienes? ¿Qué es lo que más te pesa perder, para dejar de manipular o mentir?

¿Valdrá la pena seguir desempeñando un ministerio, que se ha ensuciado con mentiras, para competir y tratar de demostrar más poder, que otros profetas?

Los hombres de fe no son aquellos que hacen milagros, estos son dones de Dios (1 Corintios 12:29). Los hombres de fe son aquellos que logran confiar en el Señor en todo tiempo (Romanos 4:18-24), ya sea en la abundancia o en la escases, pero siempre trabajando en los propósitos de Dios (Filipenses 4:12-13), a donde él mande (Hechos 16:6-10).

**La bendición del profeta.** Un buen profeta siempre llevará la mejor de las bendiciones, esta gran bendición que el siervo de Dios debe llevar a donde vaya es Cristo Jesús. El Señor le había prometido a Abraham que en su simiente serían benditas todas las familias de la tierra, y esta simiente es Cristo (Gálatas 3:16). Donde quiera que un verdadero profeta este, se sembrará la semilla del evangelio de Cristo, trayendo bendición a cada familia para salvación.

# Capítulo 10

# El Dios extraño

*"Pero temo que como la serpiente con su astucia engañó a Eva, vuestros sentidos sean de alguna manera extraviados de la sincera fidelidad a Cristo. Porque si viene alguno* predicando a otro Jesús *que el que os hemos predicado, o si recibís otro espíritu que el que habéis recibido, u otro evangelio que el que habéis aceptado, bien lo toleráis..." (2 Corintios 11:3-4)*

*Existen profecías que deberían sonar extrañas para nosotros, no nos damos cuenta del espíritu que guía a tal predicador, por ejemplo: si la predicación enseña a la discordia entre hermanos, entre líderes y pastores, debe sonar extraño (no es la doctrina del Jesús que nosotros conocemos). Debemos percatarnos inmediatamente que ese predicador no tiene al Cristo que nosotros servimos, nos está hablando de otro Jesús, nuestro salvador nos invita a la comunión y unidad del Espíritu. Ese predicador trae otro espíritu y otro evangelio (2 Juan 9-10). No lo escuches.*

# El Dios extraño

*"Y toda aquella generación también fue reunida a sus padres. Y se levantó después de ellos <u>otra generación que no conocía a Jehová,</u> ni la obra que él había hecho por Israel. <u>Después los hijos de Israel hicieron lo malo</u> ante los ojos de Jehová, y sirvieron a los baales." (Jueces 2:10-11).*

## I. Una generación que desconoce al Dios de la Biblia.

Existe una gran preocupación por las nuevas generaciones, parece que al igual que en Jueces, los que guardaron una fe genuina en el verdadero Dios y sus mandamientos; están partiendo con el Señor. Muchos de los nuevos creyentes se están adaptando a las nuevas ideologías del mundo. La falta de lectura Bíblica y la ausencia de predicaciones del evangelio de Jesucristo, está ocasionando que se levante una nueva generación que no conoce al Dios de la Biblia.

En la era pre moderna la verdad era la revelación de Dios dada a los hombres a través de su palabra; ya sabemos que la avaricia de los líderes religiosos de la edad media, provocó el descredito de Dios y su palabra como la verdad infalible. Por otro lado, en la era moderna la verdad puede descubrirse a través de la lógica y la razón; pero igualmente, la avaricia del hombre provocó un desencanto en el progreso del mundo. Ahora en la actualidad, es decir, la era posmoderna la verdad es el producto de la cultura de cada persona; es decir, nadie tiene la verdad absoluta; todo es relativo. Este pensamiento se ha infiltrado en el cristianismo posmoderno.

Como lo dice Gene Edward: *"muchas iglesias supuestamente conservadoras ahora alteran no solo su estilo, <u>sino también su mensaje</u>, en un intento por atraer a la sociedad contemporánea. No hay razón para que esto sea así. La iglesia puede ser posmoderna sin ser posmodernista. Los cristianos pueden sacar provecho de la muerte del modernismo para confesarle la fe bíblica histórica a una generación perdida y confundida. Para ser relevante en la era posmoderna, la iglesia solo debe proclamar la verdad de La Palabra de Dios, la validez de la ley de Dios y la suficiencia del Evangelio de Jesucristo."*[47]

La Biblia dice: que ha Dios nadie le vio jamás (Juan 1:18), por lo tanto, lo único que podemos conocer de él no es físico; sino, su voluntad (su mensaje). Por tanto, debemos estar muy atentos a la revelación bíblica para conocerle mejor. Ideologías como la verdad relativa, nos ha llevado a un relajamiento de la búsqueda de la verdad absoluta; nos ha llevado a un desentendimiento de la Biblia; sin embargo, el trabajo de todo líder espiritual es que todos lleguemos a la unidad de la fe, al conocimiento del Hijo de Dios (Efesios 4:11-15).

Muchos creyentes actualmente sienten que están viviendo un nuevo mover del Espíritu, no han entendido que el evangelio es obra del Espíritu Santo desde la concepción de Jesús en María. Toda la obra redentora, es obra del Espíritu Santo, que fue mostrando o revelando progresivamente a través de las profecías (Juan 4:24). El Espíritu Santo no cambia (Malaquías 3:6), él es el mismo, es absoluto, inmutable, solido, etc. No se acomoda a los planes del mundo; por el contrario, el mundo debería adaptarse a los planes divinos.

El Espíritu Santo se mueve desde el principio de las escrituras, aparece en acción sobre la faz de las aguas, el Espíritu Santo es

---

[47] Gene Edward Veith Jr. **Tiempos posmodernos** (buenos Aires: Editorial Peniel, 2013), 298-299.

Dios. Y él ha guiado a sus líderes, profetas, sacerdotes, reyes, etc. Revelándose así mismo a través de sus mandamientos. Quien no lee la Biblia no puede conocer a Dios y por lo tanto, no puede hacer la voluntad de Dios. Porque no lo conocen.

Muchas personas en el mundo hablan de Dios y saben de la existencia de él, pero en realidad no le conocen, por cuanto no tienen una relación personal con él. Así también muchos cristianos no tienen una relación personal con Jesús, hablan de él, predican de él, pero no conforme a conocimiento o entendimiento, sino, conforme a su propia concepción de él. Es por ello, que la iglesia hoy en día, es muy vulnerable a las falsas profecías, muchos cristianos son arrastrados por todo viento de doctrina.

Hay un pensamiento relativista en muchos cristianos, pues, no tienen el mensaje de Cristo en sus mentes y corazones, así no pueden verificar quien predica la verdad, quien la manipula o quien la ignora. Por ello, si no tenemos una clara comprensión de las escrituras, no podemos percatarnos si alguien nos presenta otro evangelio (Gálatas 1:6-9), otro Jesús (2 Corintios 11:3-4), otro Dios; podríamos estar sirviendo sin darnos cuenta a un Dios extraño. Y no al Dios de la Biblia.

## A) El Jesús extraño.

*"Pero temo que como la serpiente con su astucia engañó a Eva, vuestros sentidos sean de alguna manera extraviados de la sincera fidelidad a Cristo. Porque si viene alguno <u>predicando a otro Jesús</u> que el que os hemos predicado, o si recibís otro espíritu que el que habéis recibido, u otro evangelio que el que habéis aceptado, bien lo toleráis…" (2 Corintios 11:3-4)*

En este pasaje bíblico el apóstol Pablo nos habla de la tolerancia que existía en la iglesia de los corintios, al permitirse escuchar predicaciones de otro Jesús, es decir, aunque aludían al Cristo de Nazaret; el espíritu y/o el evangelio (doctrina) no era el que habían aprendido, y por el cual habían sido redimidos de sus pecados para salvación. Así también en la actualidad, sino tenemos el mensaje que la Biblia nos enseña acerca de Jesús, será muy fácil que nos engañen. Debemos tener cuidado con los falsos predicadores o profetas.

¿Cuándo predicamos de Jesús, estamos hablando del Jesús de las escrituras o el Jesús que otros predican? Cuántas veces hemos escuchado hablar a personas no cristianas con expresiones tales como: "no creo que Dios condene a las personas", "Dios es bueno y perdona todo", "Dios no quiere que seamos fanáticos, con creer en él basta", "Dios nos va salvar a todos", etc. Pero también podemos escuchar cristianos decir: "Dios no se enoja porque no voy al culto de vez en cuando" (hebreos 10:25), "si no leo la Biblia no pasa nada, lo importante es escuchar las predicaciones" (Juan 5:39), "si alguien quiere abortar es su decisión" (Jeremías 1:5; Salmos 139:16), etc. No hay principios Bíblicos, sino, mundanos.[48]

Hoy en día muchos creyentes se alimentan de otros predicadores, y no es malo escuchar a otros, pero si algo suena extraño debemos examinarlo a la luz de la palabra de Dios. Regularmente

---

[48] "... ¿Por qué el cristianismo es casi invisible en la cultura contemporánea? ¿Por qué el relativismo moral e intelectual esta tan incontrolado, cuando el 70% cree que "la Biblia es la palabra escrita de Dios y es totalmente infalible en todo lo que enseña"?... los cristianos contemporáneos, que en líneas generales parecen estar en paz con una cultura que va en contra de Dios, carecen de poder de perduración, compromiso espiritual y fidelidad a los estándares morales bíblicos. A muchas iglesias les va bien en cuanto a las cantidades, pero muy mal en cuanto a la calidad." Gene Edward Veith Jr. **Tiempos posmodernos** (Buenos Aires: Editorial Peniel, 2013), 298.

quienes no son estudiosos de la Biblia, cualquier argumento les convence, pero quienes escudriñan las escrituras no tan fácilmente son convencidos. Algo les suena extraño.

Existen profecías que deberían sonar extrañas para nosotros, no nos damos cuenta del espíritu que guía a tal predicador, por ejemplo: si la predicación enseña a la discordia entre hermanos, entre líderes y pastores, debe sonar extraño (no es la doctrina del Jesús que nosotros conocemos). Debemos percatarnos inmediatamente que ese predicador no tiene al Cristo que nosotros servimos, nos está hablando de otro Jesús, nuestro salvador nos invita a la comunión y unidad del Espíritu. Ese predicador trae otro espíritu y otro evangelio (2 Juan 9-10). No lo escuches.

Es por ello que los seguidores de tales predicadores o profetas, si no son hábiles lectores de la Biblia, serán fácilmente engañados. He sido testigo de muchos creyentes, que al escuchar a tales espíritus engañadores, doctrinas de demonios (1 Timoteo 4:1); con facilidad dejan de ir a la iglesia, dejan de ser proveedores del hogar, dejan de orar, dejan de diezmar, dejan de predicar el verdadero evangelio, dejan de amar al hermano, dejan de ser leales a sus líderes, etc. Por las enseñanzas que están recibiendo.

## B) Predicadores extraños.

*"Mirad, pues, con diligencia cómo andéis, no como necios sino como sabios, aprovechando bien el tiempo, porque los días son malos. Por tanto, no seáis insensatos, sino entendidos de cuál sea la voluntad del Señor." (Efesios 5:15-17).*

*"También debes saber esto: que en los postreros días vendrán tiempos peligrosos. Porque habrá hombres amadores de sí mismos, avaros,*

*vanagloriosos, soberbios, blasfemos, desobedientes a los padres, ingratos, impíos, sin afecto natural, implacables, calumniadores, intemperantes, crueles, aborrecedores de lo bueno, traidores, impetuosos, infatuados, amadores de los deleites más que de Dios, que tendrán apariencia de piedad, pero negarán la eficacia de ella; a éstos evita."* (2 Timoteo 3:1-5).

Debo ser franco al decir que en la actualidad encontramos en plataformas, púlpitos de iglesias, internet, etc. Muchos predicadores necios, que por no aprovechar bien su tiempo, no han logrado entender cuál es la voluntad del Señor. No tienen un mensaje claro de lo que deben predicar, mucho menos de cómo deben vivir. Por supuesto, también existen muchos predicadores sabios, que conocen la voluntad de Dios, la cual, predican y viven.

Deseo dar un poco más de iluminación a lo que nos referimos con "necio" en este apartado. Por ejemplo: La palabra "Necio" en griego es "asofos" que significa: "ignorante, insensato, tonto" o bien "no sabio". Es lo contrario al entendido, sabio, prudente.[49] (Diccionario Tuggy).

Otra definición de "necio", la encontramos de los griegos, quienes la consideran un sinónimo de "tonto" y la definen de la siguiente manera: *"el idiota esta curvado sobre sí mismo y por eso no goza de educación. No ha salido de sí. La palabra "educar", del latín educere, significa precisamente* guiar fuera de uno mismo.*" En otras palabras estamos hablando de una persona ensimismada.*[50]

Lo planteamos de la siguiente manera, para los griegos de la antigüedad era muy importante la educación y el hablar de política, para ello los hombres educados se reunían en un lugar llamado "Ágora" para tomar decisiones sobre política y ética. Sin

---

[49] Diccionario Tuggy, s.v. "necio".
[50] Agustín Laje Arrigoni, **Generación de idiotas** (ciudad de México: HarperCollins, 2023), 51.

embargo, quienes no asistían a estas conversaciones, se les consideraba necios (tontos, idiotas), ya que los observaban despreocupados por sus leyes y principios morales, que tarde o temprano, tomarían partido en sus vidas para bien o para mal.[51]

En aquellos días, quienes no estudiaban no se les consideraba preparados para debatir o aportar algo sólidamente argumentado; solo los ilustrados o sabios podían discutir estos temas con entendimiento para el bien de la sociedad. Pero hoy vemos todo lo contrario, en la sociedad actual, los que no se educaron, los que están ensimismados, que no han salido de si, los que no tienen un conocimiento basto para opinar sobre temas delicados como la moral, la política, la vida, la familia, etc. Son precisamente, los que están decidiendo en la política y la sociedad.

Por otra parte, los entendidos están siendo marginados por quienes nos gobiernan y por los medios de comunicación, para que no aporten sus conocimientos éticos y políticos, ya que estos no contribuyen con sus intereses personales. Hoy encontramos a toda esta gente necia enseñando sus ideologías en las grandes plataformas políticas e influyendo en la joven sociedad, es decir, en las nuevas generaciones. Quienes por no tener una educación adecuada no conocerá a futuro los principios universales que normalicen las leyes para un bien común y correcto.

En las iglesias pasa lo mismo, algunos creyentes no se preparan bíblicamente; con todo, quieren que sus opiniones se tomen en cuenta, cuando ellos no tomaron en cuenta a Dios. Pues, no consultan las sagradas escrituras para verificar la voluntad de Dios. Muchas veces confiando demasiado en sus dones, pues ya saben, que es lo que la iglesia quiere; no obstante, pueden ser

---

[51] Agustín Laje Arrigoni, **Generación de idiotas** (ciudad de México: HarperCollins, 2023), 52.

invitados o llamados a ministrar el don, pero no deberían enseñar o predicar lo que no saben.

Entre los judíos en el tiempo de Jesús era muy similar, ya que existían maestros, a los cuales se adherían discípulos para conocer mejor la voluntad de Dios. Así también los predicadores, videntes, profetas, pastores, etc. Deben preocuparse por conocer la voluntad de Dios, escudriñando las escrituras como lo mandó Jesús. Para que podamos disfrutar de predicadores con entendimiento, que hablen de las enseñanzas de Cristo, que suene a un predicador apostólico.

## 1. Predicadores ensimismados.

Bueno, ya hemos mencionado como lo que sucede en la sociedad, se repite en la iglesia, ya que los entendidos son muchas veces marginados para enseñar sobre doctrina. Prefiriendo así, a muchos necios que por pereza prefieren desconocer a ciencia cierta las escrituras, y se lanzan a una enseñanza que no está fundamentada en la Biblia.

En ocasiones me ha tocado escuchar predicadores que usan textos bíblicos como pretexto, pero no como fuente de inspiración para enseñar, sino que solo hablan como ellos entienden y lo que beneficia sus intereses. Son necios, ensimismados, no han salido de sí, porque necesitan conocer a Dios para ver más allá de su pobre conocimiento.

Otros toman un texto bíblico y lo aplican a su entendimiento, se ve claramente que no conocen el contexto del pasaje, pero lo usan para enseñar sus propias convicciones y no las de Cristo. Es por ello, que Pablo manda encarecidamente a los romanos diciéndoles: *"No os conforméis a este siglo, sino transformaos por medio de la renovación de vuestro entendimiento, para que comprobéis cuál sea la buena voluntad de Dios, agradable y perfecta." (Romanos 12:2).*

La palabra "conforméis" en griego es "susjematízo"[52] que significa "amoldar". Lo que Pablo nos está diciendo es que no nos amoldemos a este mundo, no pensemos como ellos, tampoco debemos amoldarnos a todo lo que se nos diga, sino, que debemos comprobar cuál es la voluntad de Dios, que es lo que le agrada. De esta manera podremos cambiar nuestro pensamiento a uno más sólido, es decir, que no sea fácil de cambiar.

Todo lo que se puede amoldar es líquido, es decir, todo lo líquido se amolda al recipiente ético que le pongan, así también, cuando no tenemos una fe sólida basada en las escrituras, nos amoldamos a todo recipiente falso de apostasía que se nos presenta (2 Tesalonicenses 2:1-2). Pero cuando tenemos una fe sólida, no importa el recipiente, no podrá cambiarnos. Es en este momento donde salimos de nosotros mismos, y podemos ver la voluntad de Dios con claridad para permanecer en ella y predicarla.

*"Cuando nuestro Señor Jesucristo regrese, nosotros nos reuniremos con él. Por eso, les rogamos, hermanos, que no se dejen confundir tan fácilmente. No se asusten si alguien asegura que ya llegó el día en que el Señor Jesús volverá. Tal vez alguien les mienta diciendo que el Espíritu le dijo eso, o que nosotros le enseñamos eso personalmente o por carta. No permitan que nadie los engañe. (2 Tesalonicenses 2:1-3 BLS).*

---

[52] Diccionario Strong, s.v. "conforméis".

## C) Mensaje extraño.

*"Dios me dijo: Hay profetas que anuncian a Israel mensajes que ellos mismos inventaron. Por eso, ve y diles de mi parte lo siguiente: "¡Pobres profetas, qué tontos son ustedes! Yo no les he dado ningún mensaje. Ustedes inventan sus mensajes; son como los chacales cuando buscan alimento entre las ruinas. No han preparado a los israelitas para que puedan evitar el castigo que voy a darles. Todo lo que ustedes anuncian es mentira; es sólo producto de su imaginación. Aseguran que hablan de mi parte, pero eso es mentira: yo nunca les he pedido que hablen por mí. ¿Y todavía esperan que se cumplan sus palabras? "Yo soy el Dios de Israel, y les aseguro que me pondré en contra de ustedes, pues sólo dicen mentiras y falsedades." (Ezequiel 13:1-8 BLS).*

Esto no es nuevo, desde tiempos antiguos se han levantado falsos profetas, aludiendo y dando palabras de éxito que solo inundaban más al pueblo en el pecado, por lo cual, no podían evitar el castigo eterno; por cuanto solo les enseñaban mentiras, inventos de sus imaginaciones. Debemos ser conscientes de esto y estar preparados con las escrituras, para verificar el mensaje. *"No menospreciéis las profecías. Examinadlo todo; retened lo bueno." (1 Tesalonicenses 5:20-21)*

Como ya lo hemos repetido muchas veces, el mensaje no cambia. Cualquier evangelio diferente, debe sonar extraño al oído del creyente que medita en la palabra de Dios, constantemente. Pues, muchos púlpitos o plataformas en estos últimos tiempos, están llenos de mensajes que Dios no mandó. Mensajes llenos de mentira, del producto de la imaginación, Dios les pagará conforme a sus obras en aquel día. Estimado hermano persiste en el verdadero evangelio, no inventemos uno nuevo, todo está en las sagradas escrituras.

Querido lector, no me queda más que decir, verifica en la escritura si estamos viviendo conforme a la voluntad de Dios.

Porque de que sirve creer en las mentiras, si al final, tanto el falso predicador, como los que creen en ellos, se condenarán juntamente. Procura entonces ser entendido, aprovecha bien el tiempo y lee la Biblia. ¡Predica el verdadero mensaje! ¡El evangelio de Cristo!

*"y conoceréis la verdad, y la verdad os hará libres".* (Juan 8:32)

*"Esto te escribo... para que si tardo, sepas cómo debes conducirte en la casa de Dios, que es la iglesia del Dios viviente, columna y baluarte de la verdad."* (1 Timoteo 3:14-15).

# Bibliografía

Aguirre Rafael. "La iglesia de Antioquia de Siria". Editorial Española Desclée De Brouwer, S.A. 1988. Pág. 38.

Asmler Samuel. "Los últimos profetas". Editorial verbo divino avda. De pamplona, (navarra) 1996. pág. 10.

Barclay William. "Comentario al Nuevo Testamento", Barcelona, España. 2006. págs. 607-651.

Bevere John. "¿Así dice el señor?" Edición en español casa creación, florida, impreso en Canadá. 1999. Págs. 95-96.

Jamieson –fausset -Brown. Comentario Bíblico Nuevo del Nuevo Testamento.

Campos Bernardo, "Hermenéutica del Espíritu", Guadalajara, México: 2018. Págs. 61-62.

Crane James D, "El Sermón Eficaz". Torreón, México: Editorial Mundo Hispano, 2003), 27.

Cate Robert L. "Teología del Antiguo Testamento". Casa bautista de publicaciones, quinta edición, el paso TX, EE.UU. de A. 2004. Págs. 18-19.

Cope Landa Lea. "El modelo de transformación social del Antiguo Testamento". Editorial JUCUM Copyright 2010

Gaxiola Manuel J. "La Serpiente y la Paloma". Copyright 2007 Iglesia Apostólica de la Fe en Cristo Jesús. Págs. 334-335.

García Cordero Maximiliano y Pérez Rodríguez Gabriel. "Biblia comentada por los profesores de Salamanca", editorial B.A.C. 1962.

Hunt Dave, Mcmahon T. A. "La seducción de la cristiandad". Ed. En castellano, por harvest house Publisher, Eugene, Oregón 1985, 2da. Edición en castellano 1988, 1985.

Hoff Pablo y Miranda David, "Defensa de la fe" El paso TX. Mundo Hispano, 2003. pág. 41.

Iglesia apostólica de la fe en Cristo Jesús. Libro "cien años de Pentecostés" primera edición Tepeyac 990, chapalita oriente Zapopan, Jalisco, México 2014.

Laje Agustín "Generación de idiotas" edición HaperCollins, México. 2023. págs. 50-51.

MacArthur John, "Fuego Extraño". Nashville, EE.UU. Grupo Nelson, 2014, págs. 22-23.

MacArthur Jr. John. "El ministerio pastoral" Barcelona: Editorial CLIE, 2005. Pág. 41.

Maxwell John C. "Las 21 cualidades indispensables de un líder". Nashville, EE.UU: Caribe-Betania, 2000. Pág. 24.

Monloubou Louis. Los profetas del antiguo testamento. Tercera edición, editorial verbo divino, Avda. pamplona, 1987.

Pérez Millos Samuel "Comentario exegético al texto griego del Nuevo Testamento, Romanos" editorial CLIE. Barcelona, España. 2011.

Ravenhill Leonard "Porque no llega el avivamiento", Minneapolis. Independently published, 2018), 96.

Santa Biblia Reina-Valera, 1960

Santa Biblia Lenguaje Sencillo

Sicre José Luis. "Los profetas de Israel y su mensaje". Ediciones Cristiandad. 1986. Pág. 5, 13.

Sicre José Luis, "Profetismo en Israel". Avda. Pamplona: Editorial Verbo Divino, 1998. pág. 439.

Strong, James. Diccionario Strong de palabras originales del Antiguo y Nuevo Testamento. Nashville, TN-Miami, FL: Editorial Caribe. 2002

SyKes Victor. "Psicología oscura." S.I. Copyright, 2019. págs. 11,12

Uribe V. Eleuterio. "Pentecostés el Nuevo Sinaí" Guadalajara, 2018. págs. 25-26

Uribe V. Eleuterio. "Introducción a la Biblia" Culiacán, Sinaloa, IAFCJ, 2000. Pág. 8

Varios Autores. Comentario Bíblico Siglo Veintiuno Nuevo Testamento", El Paso, TX, 2003. Editorial Mundo Hispano. 2003.

Veith Jr. Gene Edward "Tiempos posmodernos" Peniel, Buenos Aires, Argentina. 2013, págs. 298-299.

VINE. W. E. (1999). Vine: Diccionario expositivo de palabras del Antiguo y Nuevo Testamento Exhaustivo. Nashville, TN. Editorial Caribe.

Waldron Sam. "¿Continuara?" Edición Chapel Library. Florida. EE.UU. 2020. Pág. 28

Wenin André "Samuel juez y profeta". Editorial verbo divino, Avda. pamplona. 1996, pág. 31.

Wilkins Michael J. Biblia de estudio Teológico RVR 1960. Edición S, Leticia Calcada, Brasil. 2019. Mateo 7:15-20. Pág. 1576.

Wood Brad. "Manipulación". S.I. Copyright, 2020. Pág. 33

E-Sword Versión 9.7.2 Copyright c 2000-2010 www.e-Sword.net/support.html

Made in the USA
Las Vegas, NV
22 May 2024

90209247R10100